中国诗词

Chinese Poetry

Translated by Donia Davia Zhang

Chinese Culture Publishing

CHINESE POETRY

First edition. August 7, 2025.

English Translation Copyright © 2025 Donia Davia Zhang.

ISBN: 978-1-7782861-6-2

Translated by Donia Davia Zhang.

Contents

周易

Zhōuyì

（节选）(jiéxuǎn)

伏羲 (Fúxī , c.2,000 BCE)

乾，天也，故称乎父；

Qiān, tiān yě, gù chēng hū fù;

坤，地也，故称乎母。

Kūn, di yě, gù chēng hū mǔ.

日往则月来，月往则日来，

Rì wǎng zé yuè lái, yuè wǎng zé rì lái,

日月相推而明生焉。

Rì yuè xiàng tuī ér míng shēng yān.

寒往则暑来，暑往则寒来，

Hán wǎng zé shǔ lái, shǔ wǎng zé hán lái,

寒暑相推而岁成焉。

Hán shǔ xiāng tuī ér suì chéng yān.

一阴一阳之谓道。

Yī yīn yī yáng zhī wèi dào.

天行健，君子以自强不息。

Tiān xíng jiàn, jūn zǐ yǐ zì qiáng bù xī.

天之所助者顺也，人之所助者信也。

Tiān zhī suǒ zhù zhě shùn yě, rén zhī suǒ zhù zhě xìn yě.

Zhouyi

(Excerpt)

Fuxi (c.2,000 BCE)

Qian, the Heaven, so called the Father.

Kun, the Earth, so called the Mother.

When the sun leaves, the moon comes.

The interaction between the sun and the moon,

Generates life.

When the cold leaves, the heat comes.

The cold and the heat are pushed back together,

The years have grown.

One *yin* and one *yang* are called the Dao.

Heaven is going healthily,

A virtuous person strives for self-improvement.

Obey those who are helped by Heaven.

Trust those who are helped by humans.

凤求凰

Fèng qiú huáng

司马相如 (Sīmǎ Xiāngrú, c.179–117 BCE, 西汉 Xīhàn)

有一美人兮，见之不忘。

Yǒu yì měi rén xī, jiàn zhī bú wàng.

一日不见兮，思之如狂。

Yí rì bú jiàn xī, sī zhī rú kuáng.

凤飞翱翔兮，四海求凰。

Fèng fēi áo xiáng xī, sì hǎi qiú huáng.

无奈佳人兮，不在东墙。

Wú nài jiā rén xī, bù zài dōng qiáng.

将琴代语兮，聊写衷肠。

Jiāng qín dài yǔ xī, liáo xiě zhōng cháng.

何日见许兮，慰我彷徨。

Hé rì jiàn xǔ xī, wèi wǒ pǎng huáng.

愿言配德兮，携手相将。

Yuàn yán pèi dé xī, xié shǒu xiāng jiāng.

不得於飞兮，使我沦亡。

Bù dé yú fēi xī, shǐ wǒ lún wáng.

凤兮凤兮归故乡，遨游四海求其凰。

Fèng xī fèng xī guī gù xiāng, áo yóu sì hǎi qiú qí huáng.

时未遇兮无所将，何悟今兮升斯堂！

Shí wèi yù xī wú suǒ jiāng, hé wù jīn xī shēng sī táng!

有艳淑女在闺房，室迩人遐毒我肠。

Yǒu yàn shū nǚ zài guī fáng, shì ěr rén xiá dú wǒ cháng.

何缘交颈为鸳鸯，胡颉颃兮共翱翔！

Hé yuán jiāo jǐng wéi yuān yāng, hú xié háng xī gòng áo xiáng!

凰兮凰兮从我栖，得托孳尾永为妃。

Huáng xī huáng xī cóng wǒ qī, dé tuō zī wěi yǒng wéi fēi.

交情通意心和谐，中夜相从知者谁？

Jiāo qing tōng yì xīn hé xié, zhōng yè xiāng cóng zhī zhě shuí?

双翼俱起翻高飞，无感我思使余悲。

Shuāng yì jù qǐ fān gāo fēi, wú gǎn wǒ sī shǐ yú bēi.

A Male Phoenix Seeking a Female Phoenix

Sima Xiangru (c.179–117 BCE, Western Han Dynasty)

There is a beauty, whom I never forget after seeing her.

If I don't see her in a day, I will miss her tremendously.

A male phoenix flies, seeking a female phoenix

from all corners of the world.

Helplessly, the beauty is not at the eastern wall.

Using the sound of Qin, I express my heartfelt feelings.

When can I see her, to relieve my hesitation?

I wish to match our virtues, hand in hand.

But I cannot fly, and it makes me sad.

The male phoenix returns to his hometown,

Traveling all over the world

in search of his female phoenix.

There has never been a time to meet,

And I don't know what to do.

How can I raise in the main hall!

There is a beautiful girl in the boudoir,

and the room is poisonous to my intestines.

Why do we have the luck to be a pair of mandarin ducks

who cross the necks and fly together?

Female phoenix, live with me.

Trust me and be my wife forever.

Friendship, understanding, and harmony.

Who knows each other in the middle of the night?

I want to fly with you like this.

But you don't know my thoughts, which make me sad.

怨郎诗

Yuàn láng shī

卓文君 (Zhuō Wénjūn, 175–121 BCE, 西汉 Xīhàn)

一别之后，二地相悬。

Yì bié zhī hòu, èr dì xiāng xuán.

只道是三四月，又谁知五六年。

Zhǐ dào shì sān sì yuè, yòu shuí zhī wǔ liù nián.

七弦琴无心弹，八行书无可传。

Qī xián qín wú xīn tán, bā háng shū wú kě zhuàn.

九连环从中折断，

Jiǔ lián huán cóng zhōng zhé duàn,

十里长亭望眼欲穿。

Shí lǐ cháng tíng wàng yǎn yù chuān.

百思想，千系念，万般无奈把郎怨。

Bǎi sī xiǎng, qiān xì niàn, wàn bān wú nài bǎ láng yuàn.

万语千言说不尽，

Wàn yǔ qiān yán shuō bú jìn,

百无聊赖十倚栏。

Bǎi wú liáo lài shí yǐ lán.

重九登高看孤雁，

Chóng jiǔ dēng gāo kàn gū yàn,

八月仲秋月圆人不圆。

Bā yuè zhòng qiū yuè yuán rén bù yuán.

七月半秉烛烧香问苍天，

Qī yuè bàn bǐng zhú shāo xiāng wèn cāng tiān,

六月伏天人人摇扇我心寒。

Liù yuè fú tiān rén rén yáo shàn wǒ xīn hán.

五月石榴红胜火，

Wǔ yuè shí liú hóng shèng huǒ,

偏遇阵阵冷雨浇花端。

Piān yù zhèn zhèn lěng yǔ jiāo huā duān.

四月枇杷未黄，我欲对镜心愈乱。

Sì yuè pí pá wèi huáng, wǒ yù duì jìng xīn yù luàn.

忽匆匆，三月桃花随水转。

Hū cōng cōng, sān yuè táo huā suí shuǐ zhuàn.

飘零零，二月风筝线儿断。

Piāo líng líng, èr yuè fēng zhēng xiàn er duàn.

噫，郎呀郎，巴不得下一世，

Yī, láng yà láng, bā bù dé xià yí shì,

你为女来我做男。

Nǐ wéi nǚ lái wǒ zuò nán.

Poem to Wake

Zhuo Wenjun (175–121 BCE, Western Han Dynasty)

After parting, we two hang on in different places.

You said you would be away

only for three to four months.

But who knows, it has lasted five to six years.

I am not in the mood to play the seven-string Guqin.

Nor to write the eight-line letter.

The nine chains broke off in the middle,

And I looked eagerly from the ten-mile-long pavilion.

Hundreds of thoughts, thousands of feelings,

I helplessly complain about my spouse.

A thousand words are not enough,

I am bored and leaning against the fence.

On the Double Ninth Festival,

I climb high to see the lone geese.

During the Mid-Autumn Festival,

The moon is round, but people are not united.

In mid-July, I burn incense with candles,

And ask the Heaven.

In the hot summer days of June,

Everyone waves their fans, but my heart is cold.

In May, the pomegranates are redder than fire,

But they happen to be watered by cold rain.

In April, the loquats have not turned yellow,

I want to face the mirror, but I am getting more upset.

Suddenly, the March peach blossoms turn with the water.

Floating, the kite thread broke in February.

Hey, husband, wishing that in the next life,

You become a woman, and I become a man.

白头吟

Bái tóu yín

卓文君 (Zhuō Wénjūn, 175–121 BCE, 西汉 Xīhàn)

皑如山上雪，皎若云间月。

Ái rú shān shàng xuě, jiǎo ruò yún jiān yuè.

闻君有两意，故来相决绝。

Wén jūn yǒu liǎng yì, gù lái xiāng jué jué.

今日斗酒会，明旦沟水头。

Jīn rì dǒu jiǔ huì, míng dàn gōu shuǐ tóu.

躞蹀御沟上，沟水东西流。

Xiè dié yù gōu shàng, gōu shuǐ dōng xī liú.

凄凄复凄凄，嫁娶不须啼。

Qī qī fù qī qī, jià qǔ bù xū tí.

愿得一心人，白首不相离。

Yuàn dé yì xīn rén, bái shǒu bù xiāng lí.

竹竿何袅袅，鱼尾何簁簁！

Zhú gān hé niǎo niǎo, yú wěi hé shāi shāi!

男儿重意气，何用钱刀为！

Nán ér zhòng yì qì, hé yòng qián dāo wéi!

White Hair Chant

Zhuo Wenjun (175–121 BCE, Western Han Dynasty)

Love should be as pure as the snow on the mountain,

And as bright as the moon among the clouds.

I heard you have two hearts; therefore, I came to rupture.

Today is like the last meeting,

And tomorrow we will part.

I moved slowly along the ditch,

And life in the past was like a ditch flowing eastward.

When I resolutely left home with you,

I was unlike ordinary girls crying sadly.

I wished to marry a dedicated man,

So that we can love each other

until we grow old and never part.

The love between a man and a woman

should be as long as a fishing rod,

And as lively as the fish!

A man should take affection

as the most important matter.

Losing sincere love cannot be compensated by money!

诀别书

Jué bié shū

卓文君 (Zhuō Wénjūn, 175–121 BCE, 西汉 Xīhàn)

春华竞芳，五色凌素，

Chūn huá jìng fāng, wǔ sè líng sù,

琴尚在御，而新声代故！

Qín shàng zài yù, ér xīn shēng dài gù!

锦水有鸳，汉宫有木，

Jǐn shuǐ yǒu yuān, hàn gōng yǒu mù,

彼物而新，嗟世之人兮，

Bǐ wù ér xīn, jiē shì zhī rén xī,

瞀于淫而不悟！

Mào yú yín ér bú wù!

朱弦断，明镜缺，

Zhū xián duàn, míng jìng quē,

朝露晞，芳时歇，

Zhāo lù xī, fāng shí xiē,

白头吟，伤离别，

Bái tóu yín, shāng lí bié,

努力加餐勿念妾，

Nǔ lì jiā cān wù niàn qiè,

锦水汤汤，与君长诀！

Jǐn shuǐ tāng tāng, yǔ jūn cháng jué!

A Farewell Letter

Zhuo Wenjun (175–121 BCE, Western Han Dynasty)

In spring, hundreds of flowers are in full bloom.

The splendid colors conceal the pure colors.

The Guqin is still being played,

But not by the previous person.

There are mandarin ducks,

Swimming in pairs in the Jinjiang River.

And there are branches stretching out in the Han Palace.

None of them left their partners.

Lamenting those people in the world,

who are fascinated by beauty,

And love the new and hate the old!

Bosom friends rupture, and the couple departs.

When fate is gone, the people are separated.

White hair chants, sad to be parting.

I hope you eat well and do not miss me.

I swear to the mighty Jinjiang River,

From now on I will say goodbye to you forever.

长歌行

Cháng gē xíng

汉乐府 (Hàn Yuèfǔ, 206 BCE–220 CE)

青青园中葵，朝露待日晞。

Qīng qīng yuán zhōng kuí, zhāo lù dài rì xī.

阳春布德泽，万物生光辉。

Yáng chūn bù dé zé, wàn wù shēng guāng huī.

常恐秋节至，焜黄华叶衰。

Cháng kǒng qiū jié zhì, kūn huáng huá yè shuāi.

百川东到海，何时复西归？

Bǎi chuān dōng dào hǎi, hé shí fù xī guī?

少壮不努力，老大徒伤悲。

Shào zhuàng bù nǔ lì, lǎo dà tú shāng bēi.

Journey of the Long Song

Yuefu Folk Song of Han Dynasty (206 BCE–220 CE)

The sunflowers in the garden are all lush.

The crystal-clear morning dew,

It is waiting for the sun to shine.

In spring, sunshine and rain fall to the earth.

Everything is revived.

I'm always afraid that the deadly autumn will come.

The yellow leaves will fall, and the grass will wither.

Hundreds of streams run to the East [China] Sea,

When will they return to the West?

If one does not make great effort in their youth,

They will regret it in their old age.

孔雀东南飞

Kǒng què dōng nán fēi

汉乐府 (Hàn Yuèfǔ, 206 BCE–220 CE)

序曰：汉末建安中，庐江府小吏焦仲卿妻刘兰芝，为仲卿母所遣，自誓不嫁。其家逼之，乃投水而死。仲卿闻之，亦自缢于庭树。时人伤之，为诗云尔。

孔雀东南飞，五里一徘徊。

"十三能织素，十四学裁衣，十五弹箜篌，十六诵诗书。十七为君妇，心中常苦悲。君既为府吏，守节情不移，贱妾留空房，相见常日稀。鸡鸣入机织，夜夜不得息。三日断五匹，大人故嫌迟。非为织作迟，君家妇难为！妾不堪驱使，徒留无所施，便可白公姥，及时相遣归。"

府吏得闻之，堂上启阿母："儿已薄禄相，幸复得此妇，结发同枕席，黄泉共为友。共事二三年，始尔未为久，女行无偏斜，何意致不厚？"

阿母谓府吏："何乃太区区！此妇无礼节，举动自专由。吾意久怀忿，汝岂得自由！东家有贤女，自名秦罗敷，可怜体无比，阿母为汝求。便可速遣之，遣去慎莫留！"府吏长跪告："伏惟启阿母，今若遣此妇，终老不复取！"

阿母得闻之，槌床便大怒："小子无所畏，何敢助妇语！吾已失恩义，会不相从许！"

府吏默无声，再拜还入户，举言谓新妇，哽咽不能语："我自不驱卿，逼迫有阿母。卿但暂还家，吾今且报府。不久当归还，还必相迎取。以此下心意，慎勿违吾语。"

新妇谓府吏："勿复重纷纭。往昔初阳岁，谢家来贵门。奉事循公姥，进止敢自专？昼夜勤作息，伶俜萦苦辛。谓言无罪过，供养卒大恩；仍更被驱遣，何言复来还！妾有绣腰襦，葳蕤自生光；红罗复斗帐，四角垂香囊；箱帘六七十，绿碧青丝绳，物物各自异，种种在其中。人贱物亦鄙，不足迎后人，留待作遗施，于今无会因。时时为安慰，久久莫相忘！”

鸡鸣外欲曙，新妇起严妆。著我绣夹裙，事事四五通。足下蹑丝履，头上玳瑁光。腰若流纨素，耳著明月珰。指如削葱根，口如含朱丹。纤纤作细步，精妙世无双。

上堂拜阿母，阿母怒不止。“昔作女儿时，生小出野里。本自无教训，兼愧贵家子。受母钱帛多，不堪母驱使。今日还家去，念母劳家里。”

却与小姑别，泪落连珠子。“新妇初来时，小姑始扶床；今日被驱遣，小姑如我长。勤心养公姥，好自相扶将。初七及下九，嬉戏莫相忘。”出门登车去，涕落百余行。

府吏马在前，新妇车在后。隐隐何甸甸，俱会大道口。下马入车中，低头共耳语：“誓不相隔卿，且暂还家去；吾今且赴府，不久当还归。誓天不相负！”

新妇谓府吏：“感君区区怀！君既若见录，不久望君来。君当作磐石，妾当作蒲苇，蒲苇纫如丝，磐石无转移。我有亲父兄，性行暴如雷，恐不任我意，逆以煎我怀。”举手长劳劳，二情同依依。

入门上家堂，进退无颜仪。阿母大拊掌，不图子自归：“十三教汝织，十四能裁衣，十五弹箜篌，十六知礼仪，十七遣汝嫁，谓言无誓违。汝今何罪过，不迎而自归？”兰芝惭阿母：“儿实无罪过。”阿母大悲摧。

还家十余日，县令遣媒来。云有第三郎，窈窕世无双。年始十八九，便言多令才。

阿母谓阿女：“汝可去应之。”

阿女含泪答：“兰芝初还时，府吏见丁宁，结誓不别离。今日违情义，恐此事非奇。自可断来信，徐徐更谓之。”

阿母白媒人：“贫贱有此女，始适还家门。不堪吏人妇，岂合令郎君？幸可广问讯，不得便相许。”

媒人去数日，寻遣丞请还，说有兰家女，承籍有宦官。云有第五郎，娇逸未有婚。遣丞为媒人，主簿通语言。直说太守家，有此令郎君，既欲结大义，故遣来贵门。

阿母谢媒人：“女子先有誓，老姥岂敢言！”

阿兄得闻之，怅然心中烦。举言谓阿妹：“作计何不量！先嫁得府吏，后嫁得郎君，否泰如天地，足以荣汝身。不嫁义郎体，其往欲何云？”

兰芝仰头答：“理实如兄言。谢家事夫婿，中道还兄门。处分适兄意，那得自任专！虽与府吏要，渠会永无缘。登即相许和，便可作婚姻。”

媒人下床去，诺诺复尔尔。还部白府君：“下官奉使命，言谈大有缘。”府君得闻之，心中大欢喜。视历复开书，便利此月内，六合正相应。良吉三十日，今已二十七，卿可去成婚。交语速装束，络绎如浮云。青雀白鹄舫，四角龙子幡。婀娜随风转，金车玉作轮。踯躅青骢马，流苏金镂鞍。赍钱三百万，皆用青丝穿。杂彩三百匹，交广市鲑珍。从人四五百，郁郁登郡门。

阿母谓阿女：“适得府君书，明日来迎汝。何不作衣裳？莫令事不举！”

阿女默无声，手巾掩口啼，泪落便如泻。移我琉璃榻，出置前窗下。左手持刀尺，右手执绫罗。朝成绣夹裙，晚成单罗衫。晻晻日欲暝，愁思出门啼。

府吏闻此变，因求假暂归。未至二三里，摧藏马悲哀。新妇识马声，蹑履相逢迎。怅然遥相望，知是故人来。举手拍马鞍，嗟叹使心伤：“自君别我后，人事不可量。果不如先愿，又非君所详。我有亲父母，逼迫兼弟兄。以我应他人，君还何所望！”

府吏谓新妇：“贺卿得高迁！磐石方且厚，可以卒千年；蒲苇一时纫，便作旦夕间。卿当日胜贵，吾独向黄泉！”

新妇谓府吏："何意出此言！同是被逼迫，君尔妾亦然。黄泉下相见，勿违今日言！"执手分道去，各各还家门。生人作死别，恨恨那可论？念与世间辞，千万不复全！

府吏还家去，上堂拜阿母："今日大风寒，寒风摧树木，严霜结庭兰。儿今日冥冥，令母在后单。故作不良计，勿复怨鬼神！命如南山石，四体康且直！"

阿母得闻之，零泪应声落："汝是大家子，仕宦于台阁。慎勿为妇死，贵贱情何薄！东家有贤女，窈窕艳城郭，阿母为汝求，便复在旦夕。"

府吏再拜还，长叹空房中，作计乃尔立。转头向户里，渐见愁煎迫。

其日牛马嘶，新妇入青庐。奄奄黄昏后，寂寂人定初。"我命绝今日，魂去尸长留！"揽裙脱丝履，举身赴清池。

府吏闻此事，心知长别离。徘徊庭树下，自挂东南枝。

两家求合葬，合葬华山傍。东西植松柏，左右种梧桐。枝枝相覆盖，叶叶相交通。中有双飞鸟，自名为鸳鸯。仰头相向鸣，夜夜达五更。行人驻足听，寡妇起彷徨。多谢后世人，戒之慎勿忘。

Peacock Flying Southeast

Yuefu Folk Song of Han Dynasty (206 BCE–220 CE)

Preface

In the late Han dynasty (25–220) in Jian'an, Jiao Zhongqing was a young official in the Lujiang government. His wife, Liu Lanzhi, was sent back by his mother because she did not like her. Liu Lanzhi vowed not to remarry but her family forced her to do so. She threw herself into the pool and died. When Zhongqing heard this, he hung himself on the garden tree. The people at the time felt sad about the story and wrote the poem.

Poem

The peacock flew southeast, hovering every five miles.

"At 13, she could weave; at 14, she learned to tailor clothes; at 15, she could play Konghou [a Chinese harp]; at 16, she could recite poetry and books; at 17, she became a gentleman's wife, and her heart was always miserable. The husband was a government official who kept the rules; and the wife stayed at home; they seldom saw each other. She turned on the weaving machine when the cock crowed, and every night she could not rest. She could weave five bunches of cloth every three days, thus her mother-in-law felt she was too slow. It was not her weaving that was slow, it was hard to be an official's wife! The wife felt unbearable, staying at home doing nothing, bid farewell to her in-laws and was sent back to her natal home."

When the official heard this, he begged his mother in the hall: "Your son has a low official position, fortunately he has married this woman, and has tied the knot that we will die together. After being together for only 2-3 years, which is not long, and her behavior has not been improper, why do you treat her so badly?"

The mother said to the official: "Why are you so ignorant? This woman has no manners and acts freely. I have not been happy about her for a long time; how can you be free! There is a virtuous woman in the east household, who named herself Qin Luofu, with a very pretty body, and mother pursued her for you. You should divorce your wife quickly and send her off and let her go!" The official knelt and begged: "Mother, if you send this woman today, I will never remarry till death!"

When his mother heard this, she hit the bed and was furious: "You fearless son, how dare you help your wife to say this to me? I have lost feelings for her, and I will never promise you!"

The official was silent, he returned to the room, about to speak to his wife but choked: "I don't want to divorce you but was forced by my mother. You return home for now, and I will report to the government today. I will soon return and welcome you to be back. Be careful not to violate my words."

The wife said to the official: "Don't complicate the situation. I remember that in the beginning of last year, I bid farewell to my natal home and married to your family. I served the parents-in-law, how dare I am self-directed? Working hard day and night, I tormented alone. I think I can say that I have no guilt, and I can serve my in-laws for life to repay them for their great kindness. But I am still being expelled, how can you say that I will return! I have an embroidered waistcoat, which is colorful and shiny. A double-layered tent made of red silk, with sachets hanging on the four corners. There are sixty to seventy boxes of curtains, with green silk ropes. Everything is different, and there are all kinds of things in it. I am humble and these things are worthless to greet your future wife. Keep them as a souvenir from me. There will be no chance to meet again. Always use these things as a comfort, I hope you never forget me."

When the cock crowed and it was dawning, the wife put on a full makeup. She dressed in her embroidered clip skirt, and every time she wore a piece of clothing, she had to change it several times. She was wearing silk shoes under her feet, and the tortoiseshell hairpin on her head was shining. There was a streamer of white silk around her waist, and her ears were hung with moon beads. Her fingers were thin and white, like sharp green onion roots. Her lips were rosy and gorgeous, as if holding a red gem. Her figure was slender and light, slowly stepping on small steps, exquisite and beautiful, unparalleled in the world.

She went to the hall to bid farewell to her mother-in-law, but the mother-in-law was incessantly angry. "When I was a young girl, I grew up in the wild. I didn't have proper education and am not a good match to your son. I have received much money and silk from my mother-in-law, but it was still unbearable for me to be ordered about. I am going back to my natal home today and will be thinking about my mother-in-law's work in the household."

But when she said goodbye to her sister-in-law, her tears were falling continuously. "When I first married to the family, my sister-in-law started to walk with the support of the bed. Today I am expelled, my sister-in-law is as tall as I am. Serve well the parents-in-law, so that they can help themselves. On the seventh and ninth lunar days, do not forget about when we played together." She went out to board the sedan chair, with tears falling over a hundred lines.

The government official's horse was in the front, and the wife's sedan chair was at the back. The sedan chair made a faint noise and arrived at the main road. Getting off the horse and into the sedan chair, the official bowed his head and whispered: "I swear not to be separated from you, and you return home temporarily. I will go to the government office today and will be back to you soon. Let's promise to the heaven not to disappoint each other!"

The wife said to the official: "Thank you for your sincerity and love for me! Since you care for me like this, I hope you can come to pick me up soon. You should be like a rock, and I should be like pampas grass. Pampas grass is as soft and strong as silk, and a rock does not change easily. I have a brother who has a violent temperament and thunderous behavior. I worry that he will not listen to my wishes and will do things against my will." Then she raised her hand to bid farewell melancholy, the couple felt the same reluctance.

She entered her natal family hall, advancing and retreating shamefully. Liu's mother clapped her hands, as she did not expect her daughter to return home by herself: "At 13, I taught you to weave; at 14, you could tailor clothes; at 15, you could play Konghou; at 16, you knew etiquettes; at 17, you got married, you said you would not violate your oath. What is your fault today, returning home by yourself without us welcoming you back?" Lanzhi was ashamed and said to her mother: "Your daughter has no fault." Liu's mother was devastated.

After having returned home for more than 10 days, the county magistrate sent a matchmaker. The matchmaker said the county magistrate had a third son, who was handsome and elegant, unparalleled in the world. He was only 18 or 19 years old and was very eloquent and capable.

Liu's mother said to her daughter: "You can go and agree to him."

The daughter replied with tears in her eyes: "When Lanzhi came back, Zhongqing repeatedly urged me to take an oath to never separate. Today I am afraid it is inappropriate to break my promise. You can turn down the matchmaker and say that you will slowly talk about it with me again in the future."

Liu's mother told the matchmaker: "We are a poor family. Soon after this daughter got married, she was divorced and returned to her natal home. If she cannot be the wife of the government official, how can she be worthy of the county magistrate's son? I hope you inquire about another woman; I just cannot agree to you."

After the county magistrate's matchmaker had left for a few days, the prefect sent the county deputy to propose marriage and said that the prefect's family had a fifth son, who was handsome and unmarried yet. The prefect asked the county deputy to be a matchmaker. The county deputy said to Liu's mother directly: "The prefect family has such a good son who wants to marry your daughter, they sent me here to make a match."

Liu's mother declined the matchmaker and said: "My daughter took an oath before; how dare I say to her about remarrying?"

When Lanzhi's brother heard that the prefect's proposal was rejected, he was upset and said to his sister: "How can you not think about this plan? The last time you got married was to a small official, and this time you got a noble son. The difference between them is like heaven and earth, good luck is enough to make you glorious and wealthy for life. If you do not marry such a benevolent son, what do you plan to do in the future?"

Lanzhi raised her head and replied: "What my brother said is indeed true. I once said goodbye to my natal family to serve my husband but returned to my brother's home now. How I deal with the situation should be according to my brother's will, how dare I make my own decision? Although I took an oath with the official, there will never be a chance to meet him again. Just agree to the marriage right away, and I will remarry."

The prefect's matchmaker got up from his seat and said excitedly: "Yes, just do it!" He returned to the county government to report to the prefect: "I accepted your mission and went to the Liu family to propose the marriage. Your son is very fortunate, and the match is successful." The prefect was very happy to hear this. He checked the calendar, read the marriage book, and told the county deputy: "The wedding date is set in this month. The stems and branches are all suitable, and the auspicious day is the 30th. Today is already the 27th. Go to Liu family and set up a wedding date." Everyone in the prefecture's mansion said to each other: "Hurry up and prepare for the wedding!" The people who rushed to the wedding were like clouds in the sky. The wedding boat was filled with items painted with blue finches and white swans, and the four corners are hung with dragon-embroidered flags, gently drifting in the wind. The golden sedan chair had wheels inlaid with white jade, and the green horse was slowly moving forward. There was a saddle with colored tassels hanging on all sides with gold ornaments underneath. The betrothal gift was three million, all dressed in cyan silk thread, and there were 300 pieces of silk and satin in various colors. The delicacies were purchased from Guangzhou and Jiaozhou. There were 400-500 followers, and they came to the Lujiang County Mansion Gate in a lively manner.

Liu's mother said to her daughter: "I have just received a letter from the prefect. They will come to greet you tomorrow. Why don't you dress up? Don't let the marriage fail!"

Lanzhi was silent, covering her mouth with a handkerchief and crying, tears pouring down like water. She moved the colored glazed couch which she was sitting on and put it out under the front window. Her left hand held the scissors and ruler, and right hand held the silk satin to make clothes. She made the embroidered clip skirt in the morning, and the single shirt made of leno in the evening. The gloomy sky was about to get dark, Lanzhi was full of thoughts and went out to cry bitterly.

When Jiao Zhongqing heard what had happened, he asked for temporary leave and returned. Two to three miles away from Lanzhi's home, he felt miserable, and the horse wailed. Lanzhi was familiar with her man's horse cry, and ran to meet him at a brisk pace, looking sadly and frustratedly, knowing that her love came. She raised her hand and stroked the saddle, sighing and mourning that broke people's hearts: "Since you left me, the change in my life is unexpected! Surely it is not as good as before. There are many things you don't understand. I have a biological mother, and my brother has forced me to marry someone else, what can you expect when you come back?"

Jiao Zhongqing said to Lanzhi: "Congratulations on your promotion! My rock is solid and can be stored for thousands of years. The pampas grass is flexible for a while but can only be kept between morning and evening. You will become rich day by day, and I will go to hell by myself!"

Lanzhi said to Zhongqing: "How can I imagine you would say such things! We are both being forced and have similar fates. Let's meet each other in the underworld! Hopefully we won't violate today's vows!" They held each other's hands tightly, then bid farewell, and each returned to their own homes. For those who were still alive but bid farewell to death, thinking that their lives could never be saved, the resentments in their hearts could not be told enough.

Jiao Zhongqing returned home and walked to the hall to meet her mother and said: "Today, the wind is very cold and has broken the trees, the orchids in the courtyard are covered with thick frost. Your son is now like the sunset, making the mother lonely in the future. I deliberately made such a bad plan and stop resenting ghosts or gods! May your longevity be like the stones on the South Mountain, and your body be healthy forever!"

When Jiao's mother heard these words from her son, her tears shed along with the voice and said: "You are a son of a high family, and you have an official position in the capital. Don't seek death for a woman, there is a difference of high and low between you and her. Giving up on her is not fickle. There is a virtuous woman in the east household. Her beauty is famous in and outside the city. I proposed her for you, and I will get an answer in a day or two."

Jiao Zhongqing bowed to her mother twice and then went back, sighing in the vacant room, and this was how he decided to commit suicide. He turned his head to the inner room where Lanzhi had lived, seeing her things aroused his loving feelings, he was increasingly tormented by grief.

On the day of Lanzhi's remarriage, when the horses neighed, Lanzhi walked into the blue tent where the wedding was held. After dusk, people began to rest quietly. Lanzhi said to herself: "My life is over today; my soul will be leaving, and my corpse will stay in the world for a long time!" She rolled up the skirt, took off the silk shoes, and jumped into the clear pool.

When Jiao Zhongqing heard about Liu Lanzhi's suicide, he knew from then on, that Liu Lanzhi had parted forever. After wandering under the tree in the courtyard for a while, he hanged himself on the branch toward the southeast.

Jiao and Liu families asked for a joint burial, so they buried the two together beside the Hua Mountain. Pine and cypresses were planted on the east and west sides of the tomb, and Chinese parasol trees were grown on the left and right sides of it. The branches of these trees covered each other, and the leaves were connected. There was a pair of birds flying in the tree, whose names were mandarin ducks. They raised their heads and yelled at each other. People walked by, stopped and listened, but the widow heard it and got up from the bed, feeling upset. Advise future generations to take this story as a lesson and never forget it!

木兰诗

Mùlán shī

乐府 (Yuèfǔ, 386–581, 北朝 Běi cháo)

唧唧复唧唧，木兰当户织。不闻机杼声，惟闻女叹息。问女何所思，问女何所忆。女亦无所思，女亦无所忆。昨夜见军帖，可汗大点兵。军书十二卷，卷卷有爷名。阿爷无大儿，木兰无长兄。愿为市鞍马，从此替爷征。

东市买骏马，西市买鞍鞯，南市买辔头，北市买长鞭。旦辞爷娘去，暮宿黄河边。不闻爷娘唤女声，但闻黄河流水鸣溅溅。旦辞黄河去，暮至黑山头。不闻爷娘唤女声，但闻燕山胡骑鸣啾啾。

万里赴戎机，关山度若飞。朔气传金柝，寒光照铁衣。将军百战死，壮士十年归。

归来见天子，天子坐明堂。策勋十二转，赏赐百千强。可汗问所欲，木兰不用尚书郎，愿驰千里足，送儿还故乡。

爷娘闻女来，出郭相扶将；阿姊闻妹来，当户理红妆；小弟闻姊来，磨刀霍霍向猪羊。开我东阁门，坐我西阁床。脱我战时袍，著我旧时裳。当窗理云鬓，对镜帖花黄。出门看火伴，火伴皆惊忙：同行十二年，不知木兰是女郎。

雄兔脚扑朔，雌兔眼迷离；双兔傍地走，安能辨我是雄雌？

The Ballad of Mulan

Yuefu Folk Song of Northern Dynasties (386–581)

Sigh after sigh spread out of the room, facing the door Mulan was weaving. One could hardly hear the loom, but only the sigh of Mulan. What was Mulan thinking? What was Mulan worrying? She was not thinking about anything, nor worrying about anything. She saw the conscription documents last night and knew that the monarch was conscripting. There were so many conscription booklets, and each volume had her father's name. Her father had no eldest son, and Mulan had no elder brother. Mulan wanted to go to the market to buy saddles and horses to fight in the war in place of her father.

Mulan bought horses from the East Market, saddles from the West Market, bridles from the South, and long whips from the North. The next morning, she left her parents and camped by the Yellow River at night. She could not hear her parents calling her, but only the sound of the Yellow River. The morning after next, she left the Yellow River and went on the road. She arrived at the top of the Black Mountain at night, and could not hear her parents calling her, but only the tweeting of barbarian soldiers' horses in the Yan Mountain.

Mulan traveled thousands of miles to the battlefield, climbing the mountains and peaks as quickly as flying over them. There was a sound of beating in the cold north, moonlight shining on the armors of the soldiers. Soldiers had fought hundreds of battles, some sacrificed their lives for the country, and others returned victoriously ten years later.

Upon returning from victory, Mulan saw the emperor, who sat in the hall. The emperor gave Mulan a great medal, and the reward was more than a thousand pieces of gold. The emperor asked Mulan what she wanted, Mulan said she did not want to be an official but hoped to ride a horse to return to her hometown.

When her parents heard that their daughter was coming back, they held each other's arms to greet Mulan outside the city; when her elder sister heard that Mulan was coming back, she dressed up at the door; when her younger brother heard that Mulan was coming back, he was busy sharpening the knife and killing the pig and sheep. Mulan opened the door of the east room and sat on the bed of the west room. She took off the battle robes worn during the war, put on her former clothes of a girl, straightened her beautiful hair in front of the window, and put flower decorations on her head in front of the mirror. When she went out to see the friends who fought together with her, they were all surprised. After travelling together for twelve years, they did not even know that Mulan was a girl!

When the rabbit's ears were hung in the air, the male rabbit's two forefeet would move from time to time, and the female rabbit's eyes were often squinted, so it would be easy to distinguish. When male and female rabbits run side by side, how could one tell which was male and which was female?

敕勒歌

Chì lē gē

乐府 (Yuè fǔ, 386–581, 北朝 Běicháo)

敕勒川，阴山下，

Chì lē chuān, yīn shān xià,

天似穹庐，笼盖四野。

Tiān sì qióng lú, lóng gài sì yě.

天苍苍，野茫茫，

Tiān cāng cāng, yě máng máng,

风吹草低见牛羊。

Fēng chuī cǎo dī xiàn niú yáng.

The Song of Chile

Yuefu Folk Song of Northern Dynasties (386–581)

The Chile River, under the Yin Mountain,

The sky is like a dome, covering all fields.

The sky is dark blue, and the wild is vast,

The wind blows the grass low,

And one sees the cattle and sheep.

送杜少府之任蜀州

Sòng dù shǎofǔ zhī rèn shǔ zhōu

王勃 (Wáng Bó, c.650–676, 唐朝 Táng cháo)

城阙辅三秦，风烟望五津。

Chéng què fǔ sān qín, fēng yān wàng wǔ jīn.

与君离别意，同是宦游人。

Yǔ jūn lí bié yì, tóng shì huàn yóu rén.

海内存知己，天涯若比邻。

Hǎi nèi cún zhī jǐ, tiān yá ruò bǐ lín.

无为在歧路，儿女共沾巾。

Wú wéi zài qí lù, ér nǚ gòng zhān jīn.

Sending Du Shaofu to Take Office in Shuzhou

Wang Bo (c.650–676, Tang Dynasty)

The Chang'an capital city is guarded,

by the land of Three Qins.

Looking through the wind and clouds,

One can see the Five Jins.

Parting with you has infinite affection in my heart,

Because we are both struggling as officials.

Within the seas, we are bosom friends,

Over the skies, we are like neighbors.

When parting at the crossroads,

Never drench the towel with tears like a child.

回乡偶书

Huí xiāng ǒu shū

贺知章 (Hè Zhīzhāng, 659–744, 唐朝 Táng cháo)

少小离家老大回，

Shào xiǎo lí jiā lǎo dà huí,

乡音无改鬓毛衰。

Xiāng yīn wú gǎi bìn máo shuāi.

儿童相见不相识，

Ér tóng xiāng jiàn bù xiāng shí,

笑问客从何处来。

Xiào wèn kè cóng hé chù lái.

Casually Written Poem When Returning Home

He Zhizhang (659–744, Tang Dynasty)

I left home very young and returned home very old.

There is no change in my accent,

Except my temple hair has grown grey.

I met my childhood friends,

But they did not recognize me.

They laughed at me and asked where I came from.

凉州词

Liáng zhōu cí

王之涣 (Wáng Zhīhuàn 688–742 唐朝 Táng cháo)

黄河远上白云间，

Huáng hé yuǎn shàng bái yún jiān,

一片孤城万仞山。

Yí piàn gū chéng wàn rèn shān.

羌笛何须怨杨柳，

Qiāng dí hé xū yuàn yáng liǔ,

春风不度玉门关。

Chūn fēng bú dù yù mén guān.

The Lyrics of Liangzhou

Wang Zhihuan (688–742, Tang Dynasty)

The Yellow River is far beyond the white clouds,

A lonely city has ten-thousand-meter-high hills.

Why should Qiangdi blame the willows?

The spring breeze never stops at Jade Gate Pass.

登鹳雀楼

Dēng guàn què lóu

王之涣 (Wáng Zhīhuàn 688–742 唐朝 Táng cháo)

白日依山尽，

Bái rì yī shān jìn,

黄河入海流。

Huáng hé rù hǎi liú.

欲穷千里目，

Yù qióng qiān lǐ mù,

更上一层楼。

Gèng shàng yì céng lóu.

Climbing the Stork Tower

Wang Zhihuan (688–742, Tang Dynasty)

The sun is gradually setting beside the mountain,
The Yellow River flows eastward toward the sea.
If you want to see thousands of miles of scenery,
Please climb up to the next level of the building.

春晓

Chūn xiǎo

孟浩然 (Mèng Hàorán 689–740 唐朝 Táng cháo)

春眠不觉晓，

Chūn mián bù jué xiǎo,

处处闻啼鸟。

Chù chù wén tí niǎo.

夜来风雨声，

Yè lái fēng yǔ shēng,

花落知多少。

Huā luò zhī duō shǎo.

Dawn in the Spring

Meng Haoran (689–740, Tang Dynasty)

Waking up in a spring morning when it is bright,

There are crisp sounds of birds everywhere.

Recalling the gusts of wind and rain last night,

How many fragrant flowers have fallen off?

从军行

Cóng jūn xíng

王昌龄 (Wáng Chānglíng 698–757 唐朝 Táng cháo)

青海长云暗雪山，

Qīng hǎi cháng yún àn xuě shān,

孤城遥望玉门关。

Gū chéng yáo wàng yù mén guān.

黄沙百战穿金甲，

Huáng shā bǎi zhàn chuān jīn jiǎ,

不破楼兰终不还。

Bú pò lóu lán zhōng bù huán.

Joining the Army

Wang Changling (698–757, Tang Dynasty)

The steaming clouds and mists on Lake Qinghai

Obscured the continuous snow-capped mountains,

The lonely city's frontier fortress and Jade Gate Pass,

That are thousands of miles away.

The yellow sand stretches,

Ten-thousand miles far and wide.

And frequent battles pierced the armors of the soldiers.

Yet they are not discouraged,

And vowed not to return home,

Before defeating the enemy.

出塞

Chū sài

王昌龄 (Wáng Chānglíng 698–757 唐朝 Táng cháo)

秦时明月汉时关，

Qín shí míng yuè hàn shí guān,

万里长征人未还。

Wàn lǐ cháng zhēng rén wèi huán.

但使龙城飞将在，

Dàn shǐ lóng chéng fēi jiàng zài,

不教胡马度阴山。

Bú jiào hú mǎ dù yīn shān.

Exiting the Frontier

Wang Changling (698–757, Tang Dynasty)

It is the same bright moon as in Qin time

And the frontier gate as in the Han dynasty,

But the soldiers who defended the frontier

And fought the enemy have not returned.

If the Dragon City's flying commander,

Li Guang is still alive,

He will not let the Xiongnu ride their horses,

To pass through the Yin Mountain.

芙蓉楼送辛渐

Fú róng lóu sòng xīn jiàn

王昌龄 (Wáng Chānglíng 698–757 唐朝 Táng cháo)

寒雨连江夜入吴，

Hán yǔ lián jiāng yè rù wú,

平明送客楚山孤。

Píng míng sòng kè chǔ shān gū.

洛阳亲友如相问，

Luò yáng qīn yǒu rú xiāng wèn,

一片冰心在玉壶。

Yí piàn bīng xīn zài yù hú.

Sending Xin Jian at Hibiscus Building

Wang Changling (698–757, Tang Dynasty)

I came to the land of Wu

on a night with cold rain over the river.

At dawn I sent away my friend,

And the reflection of the Chu Mountain remained.

If any relatives or friends in Luoyang,

Ask about my situation,

My heart is as pure as the ice in a jade pot,

Untainted by fame or fortune.

送元二使安西

Sòng yuán èr shǐ ān xī

王维 (Wáng Wéi, 701–761, 唐朝 Táng cháo)

渭城朝雨浥轻尘，

Wèi chéng zhāo yǔ yì qīng chén,

客舍青青柳色新。

Kè shě qīng qīng liǔ sè xīn.

劝君更尽一杯酒，

Quàn jūn gèng jìn yì bēi jiǔ,

西出阳关无故人。

Xī chū yáng guān wú gù rén.

Sending Yuan Er to Serve as an Envoy in Anxi

Wang Wei (701–761, Tang Dynasty)

The morning drizzle in Wei city wet the roadside dust,

The willows next to the guesthouse,

Look greener and fresher.

Persuade you to drink another cup of parting wine,

It will be difficult to meet old friends again,

After going west out of the Yang Pass.

九月九日忆山东兄弟

Jiǔ yuè jiǔ rì yì shān dōng xiōng dì

王维 (Wáng Wéi, 701–761, 唐朝 Táng cháo)

独在异乡为异客，

Dú zài yì xiāng wéi yì kè,

每逢佳节倍思亲。

Měi féng jiā jié bèi sī qīn.

遥知兄弟登高处，

Yáo zhī xiōng dì dēng gāo chù,

遍插茱萸少一人。

Biàn chā zhū yú shǎo yì rén.

Recalling Shandong Brothers on Double Ninth Festival

Wang Wei (701–761, Tang Dynasty)

Being a guest alone in a foreign land,

I miss my loved ones every festive season.

I know my brothers are climbing high on this day,

When arranging the flowering Cornus,

I think of one person who is missing.

相思

Xiāng sī

王维 (Wáng Wéi, 701–761, 唐朝 Táng cháo)

红豆生南国，

Hóng dòu shēng nán guó,

春来发几枝。

Chūn lái fā jǐ zhī.

愿君多采颉，

Yuàn jūn duō cǎi jié,

此物最相思。

Cǐ wù zuì xiāng sī.

Lovesickness

Wang Wei (701–761, Tang Dynasty)

Red beans grow on the land of southern state,

There are new branches growing out in the spring.

I hope you can collect as much as you like,

Because it can mostly express lovesickness.

静夜思

Jìng yè sī

李白 (Lǐ Bái, 701–762, 唐朝 Táng cháo)

床前明月光，

Chuáng qián míng yuè guāng,

疑是地上霜。

Yí shì dì shàng shuāng.

举头望明月，

Jǔ tóu wàng míng yuè,

低头思故乡。

Dī tóu sī gù xiāng.

Thinking on a Quiet Night

Li Bai (701–762, Tang Dynasty)

A pool of moonlight in front of my bed,

I suspect it is frost on the ground.

Looking up at the bright moon,

Looking down, I think of my hometown.

古朗月行

Gǔ lǎng yuè xíng

李白 (Lǐ Bái, 701–762, 唐朝 Táng cháo)

小时不识月，呼作白玉盘。

Xiǎo shí bù shí yuè, hū zuò bái yù pán.

又疑瑶台镜，飞在青云端。

Yòu yí yáo tái jìng, fēi zài qīng yún duān.

仙人垂两足，桂树何团团。

Xiān rén chuí liǎng zú, guì shù hé tuán tuán.

白兔捣药成，问言与谁餐？

Bái tù dǎo yào chéng, wèn yán yǔ shuí cān?

蟾蜍蚀圆影，大明夜已残。

Chán chú shí yuán yǐng, dà míng yè yǐ cán.

羿昔落九乌，天人清且安。

Yì xī luò jiǔ wū, tiān rén qīng qiě ān.

阴精此沦惑，去去不足观。

Yīn jīng cǐ lún huò, qù qù bù zú guān.

忧来其如何？凄怆摧心肝。

Yōu lái qí rú hé? Qī chuàng cuī xīn gān.

Ancient Bright Moon Walk

Li Bai (701–762, Tang Dynasty)

When I was little, I did not know the moon,

I called it the white jade plate.

I suspected it was the mirror of Yaotai immortals,

Which flew to the edge of dark blue sky.

The immortals hung down their feet,

Then the Osmanthus Fragrance trees appeared.

The white rabbit finished pounding the medicine,

And asked to whom should it be given?

The toad eclipsed the full moon,

The bright night was thus gloomy.

After Houyi shot down nine suns,

The world was then at peace.

Now the moon is down, not worth looking at.

How can I leave while worried? I am heartbroken.

早发白帝城

Zǎo fā bái dì chéng

李白 (Lǐ Bái, 701–762, 唐朝 Táng cháo)

朝辞白帝彩云间，

Zhāo cí bái dì cǎi yún jiān,

千里江陵一日还。

Qiān lǐ jiāng líng yí rì huán.

两岸猿声啼不住，

Liǎng àn yuán shēng tí bú zhù,

轻舟已过万重山。

Qīng zhōu yǐ guò wàn chóng shān.

Departing Baidi City in Early Morning

Li Bai (701–762, Tang Dynasty)

In the morning, I bid farewell to Baidi City,

Which is high into the clouds.

Although Jiangling is thousands of miles away,

It is only a one-day trip by boat.

The sound of apes on both sides of the strait,

Is still crying in my ears.

The light boat has already passed,

Tens of thousands of mountains.

赠汪伦

Zèng Wāng Lún

李白 (Lǐ Bái, 701–762, 唐朝 Táng cháo)

李白乘舟将欲行，

Lǐ Bái chéng zhōu jiāng yù xíng,

忽闻岸上踏歌声。

Hū wén àn shàng tà gē shēng.

桃花潭水深千尺，

Táo huā tán shuǐ shēn qiān chǐ,

不及汪伦送我情。

Bù jí Wāng Lún sòng wǒ qíng.

To Wang Lun

Li Bai (701–762, Tang Dynasty)

Li Bai is going to travel on a boat,

Suddenly he heard singing on the shore.

The Peach Blossom Pond is a thousand feet deep,

But not as deep as the feelings of Wang Lun

who is sending me.

黄鹤楼送孟浩然之广陵

Huáng hè lóu sòng Mèng Hàorán zhī guǎng líng

李白 (Lǐ Bái, 701–762, 唐朝 Táng cháo)

故人西辞黄鹤楼，

Gù rén xī cí huáng hè lóu,

烟花三月下扬州。

Yān huā sān yuè xià yáng zhōu.

孤帆远影碧空尽，

Gū fān yuǎn yǐng bì kōng jìn,

唯见长江天际流。

Wéi jiàn cháng jiāng tiān jì liú.

Sending Meng Haoran to Guangling at Yellow Crane Tower

Li Bai (701–762, Tang Dynasty)

My old friend bid farewell at the Yellow Crane Tower,

And he headed east.

His boat drifted to Yangzhou in March

when the fireworks were weaving.

The sail gradually disappeared

where the water and the sky connected.

I saw the billowing water of Yangtze River

Rushing across the horizon.

望庐山瀑布

Wàng lú shān pù bù

李白 (Lǐ Bái, 701–762, 唐朝 Táng cháo)

日照香炉生紫烟，

Rì zhào xiāng lú shēng zǐ yān,

遥看瀑布挂前川。

Yáo kàn pù bù guà qián chuān.

飞流直下三千尺，

Fēi liú zhí xià sān qiān chǐ,

疑是银河落九天。

Yí shì yín hé luò jiǔ tiān.

Watching Lu Mountain Waterfall

Li Bai (701–762, Tang Dynasty)

The sun shines on the incense burner

That has produced purple smoke.

I watch from a distance the waterfall hanging

Between the mountain and river.

Flying straight down three thousand feet,

I suspect it is the Milky Way

Falling from the Nine Heavens.

夜宿山寺

Yè sù shān sì

李白 (Lǐ Bái, 701–762, 唐朝 Táng cháo)

危楼高百尺，

Wēi lóu gāo bǎi chǐ,

手可摘星辰。

Shǒu kě zhāi xīng chén.

不敢高声语，

Bù gǎn gāo shēng yǔ,

恐惊天上人。

Kǒng jīng tiān shàng rén.

Staying Overnight in a Mountain Temple

Li Bai (701–762, Tang Dynasty)

The dilapidated tower is several hundred feet high

where my hands can pick the stars.

I dare not speak loudly,

As I fear disturbing the fairies in the sky.

陪侍御叔华登楼歌

Péi shì yù shū huá dēng lóu gē

李白 (Lǐ Bái, 701–762, 唐朝 Táng cháo)

弃我去者，昨日之日不可留；

Qì wǒ qù zhě, zuó rì zhī rì bù kě liú;

乱我心者，今日之日多烦忧。

Luàn wǒ xīn zhě, jīn rì zhī rì duō fán yōu.

长风万里送秋雁，对此可以酣高楼。

Cháng fēng wàn lǐ sòng qiū yàn, duì cǐ kě yǐ hān gāo lóu.

蓬莱文章建安骨，中间小谢又清发。

Péng lái wén zhāng jiàn ān gǔ, zhōng jiān xiǎo xiè yòu qīng fā.

俱怀逸兴壮思飞，欲上青天揽明月。

Jù huái yì xìng zhuàng sī fēi, yù shàng qīng tiān lǎn míng yuè.

抽刀断水水更流，举杯消愁愁更愁。

Chōu dāo duàn shuǐ shuǐ gèng liú, jǔ bēi xiāo chóu chóu gèng chóu.

人生在世不称意，明朝散发弄扁舟。

Rén shēng zài shì bú chèn yì, míng zhāo sàn fà nòng piān zhōu.

The Song of Accompanying Censor Li Hua to Climb the Tower

Li Bai (701–762, Tang Dynasty)

Yesterday that abandoned me is irretrievable.

Today that disturbs me is more annoying.

When the long wind blows

to send autumn wild geese to the south,

I can have a hearty drink at the tower with the scene.

You have strength in writing,

And proofread books in the Penglai Palace.

I am like Xie Tiao

whose poems are vivid and compelling.

We both have high ambitions and great expectations.

I wish to climb the Nine Heavens,

And grab the bright moon in my hands.

But with a knife to cut off the river,

The water rushes more violently.

And raising a glass of wine to eliminate sorrow,

The sorrow increases.

Living in the world,

One cannot have everything as they wish,

It's better to take a boat tomorrow morning,

Drifting in the rivers.

将进酒

Qiāng jìn jiǔ

李白 (Lǐ Bái, 701–762, 唐朝 Táng cháo)

君不见黄河之水天上来，奔流到海不复回。

Jūn bú jiàn huáng hé zhī shuǐ tiān shàng lái, bēn liú dào hǎi bú fù huí.

君不见高堂明镜悲白发，朝如青丝暮成雪。

Jūn bú jiàn gāotáng míngjìng bēi báifà, zhāo rú qīngsī mù chéng xuě.

人生得意须尽欢，莫使金樽空对月。

Rén shēng dé yì xū jìn huān, mò shǐ jīn zūn kōng duì yuè.

天生我材必有用，千金散尽还复来。

Tiān shēng wǒ cái bì yǒu yòng, qiān jīn sàn jìn hái fù lái.

烹羊宰牛且为乐，会须一饮三百杯。

Pēng yáng zǎi niú qiě wéi lè, huì xū yì yǐn sān bǎi bēi.

岑夫子，丹丘生，将进酒，杯莫停。

Cén fū zǐ, dān qiū shēng, qiāng jìn jiǔ, bēi mò tíng.

与君歌一曲，请君为我倾耳听。

Yǔ jūn gē yì qū, qǐng jūn wèi wǒ qīng ěr tīng.

钟鼓馔玉不足贵，但愿长醉不复醒。

Zhōng gǔ zhuàn yù bù zú guì, dàn yuàn cháng zuì bú fù xǐng.

古来圣贤皆寂寞，惟有饮者留其名。

Gǔ lái shèng xián jiē jì mò, wéi yǒu yǐn zhě liú qí míng.

陈王昔时宴平乐，斗酒十千恣欢谑。

Chén wáng xī shí yàn píng lè, dǒu jiǔ shí qiān zì huān xuè.

主人何为言少钱，径须沽取对君酌。

Zhǔ rén hé wèi yán shǎo qián, jìng xū gū qǔ duì jūn zhuó.

五花马、千金裘，呼儿将出换美酒，

Wǔ huā mǎ, qiān jīn qiú, hū er jiāng chū huàn měi jiǔ,

与尔同销万古愁。

Yǔ ěr tóng xiāo wàn gǔ chóu.

Please Drink Wine

Li Bai (701–762, Tang Dynasty)

Can you not see the water of Yellow River

Coming from the sky,

Rushing to the sea and never return?

Can you not see your elderly parents

Lamenting their hair in the mirror,

which was black in the morning,

But it turned grey in the evening?

When life is good, enjoy it fully,

Do not let the golden goblet be empty

Facing the bright moon.

A talent like me is bound to be useful,

Wealth will come again after it is spent.

Cooking sheep and slaughtering cattle is fun,

You must drink three hundred cups of wine.

Master Cen, Mister Danqiu,

Let's drink together without end.

I will sing a song for you, please listen carefully.

Bells, drums, delicacies, and jades are not precious,

I would rather be drunk forever and not wake up.

Since antiquity, all sages and wise men have been quiet,

Only drinkers have left their names behind.

King Chen [Cao Zhi] once held a banquet in Pingle,

He drank ten thousand cups of wine and had a lot of fun.

Why does the host say he has little money left?

Just get more wine and I will drink with you tonight.

Never mind the five-colored horses or furs,

which are worth thousands of golds.

Exchange them for good wine,

And we will drink to forget our sorrows.

黄鹤楼

Huáng hè lóu

崔颢 (Cuī Hào, c.704–c.754, 唐朝 Táng cháo)

昔人已乘黄鹤去，此地空余黄鹤楼。

Xī rén yǐ chéng huáng hè qù, cǐ dì kòng yú huáng hè lóu.

黄鹤一去不复返，白云千载空悠悠。

Huáng hè yí qù bú fù fǎn, bái yún qiān zǎi kōng yōu yōu.

晴川历历汉阳树，芳草萋萋鹦鹉洲。

Qíng chuān lì lì hàn yáng shù, fāng cǎo qī qī yīng wǔ zhōu.

日暮乡关何处是？烟波江上使人愁。

Rì mù xiāng guān hé chù shì? Yān bō jiāng shàng shǐ rén chóu.

Yellow Crane Tower

Cui Hao (c.704–c.754, Tang Dynasty)

My old friend has flown away with a yellow crane,

And the Yellow Crane Tower is empty here.

The yellow crane has gone forever,

And the white clouds have been vacant

for thousands of years.

Hanyang trees are clearly visible under the sun,

And green grass covers Parrot Island.

As dusk gradually falls, where is my hometown?

The misty waves on the river surface

Make me feel even more worried.

别董大

Bié dǒng dà

高适 (Gāo Shì, c.704–765, 唐朝 Táng cháo)

千里黄云白日曛，

Qiān lǐ huáng yún bái rì xūn,

北风吹雁雪纷纷。

Běi fēng chuī yàn xuě fēn fēn.

莫愁前路无知己，

Mò chóu qián lù wú zhī jǐ,

天下谁人不识君。

Tiān xià shuí rén bù shí jūn.

A Farewell to Dong Da

Gao Shi (c.704–765, Tang Dynasty)

The yellow clouds are thousands of miles away at sunset,

The north wind blows the wild geese

with the snowflakes flying.

Do not worry that there will be no bosom friends ahead,

Who will not recognize talent on the planet?

逢雪宿芙蓉山主人

Féng xuě sù fú róng shān zhǔ rén

刘长卿 (Liú Chángqīng, 709–780, 唐朝 Táng cháo)

日暮苍山远，

Rì mù cāng shān yuǎn,

天寒白屋贫。

Tiān hán bái wū pín.

柴门闻犬吠，

Chái mén wén quǎn fèi,

风雪夜归人。

Fēng xuě yè guī rén.

Staying at the Host of Hibiscus Mountain on a Snowy Night

Liu Changqing (709–780, Tang Dynasty)

The mountains are far away at sunset,

The weather is cold, and the thatched house is poor.

I heard dog barking at the woodcutter's house gate,

On a snowy night, I am homecoming.

春望

Chūn Wàng

杜甫 (Dù Fǔ, 712–770, 唐朝 Táng cháo)

国破山河在，城春草木深。

Guó pò shān hé zài, chéng chūn cǎo mù shēn.

感时花溅泪，恨别鸟惊心。

Gǎn shí huā jiàn lèi, hèn bié niǎo jīng xīn.

烽火连三月，家书抵万金。

Fēng huǒ lián sān yuè, jiā shū dǐ wàn jīn.

白头搔更短，浑欲不胜簪。

Bái tóu sāo gèng duǎn, hún yù bú shèng zān.

Longing for Spring

Du Fu (712–770, Tang Dynasty)

The country has fallen,

But the mountains and rivers have remained.

The grass is overgrown in the capital city in the spring.

I am sad and weeping when seeing the flowers blooming,

Leaving my family behind,

I have a heartache when I hear the birds singing.

The flames of war have continued for three months,

Family letters are worth tens of thousands of golds.

Depressed and upset, I can only scratch my head,

Causing a sparse grey hair I cannot insert a hairpin.

春夜喜雨

Chūn yè xǐ yǔ

杜甫 (Dù Fǔ, 712–770, 唐朝 Táng cháo)

好雨知时节，

Hǎo yǔ zhī shí jié,

当春乃发生。

Dāng chūn nǎi fā shēng.

随风潜入夜，

Suí fēng qián rù yè,

润物细无声。

Rùn wù xì wú shēng.

夜径云俱黑，

Yè jìng yún jù hēi,

江船火独明。

Jiāng chuán huǒ dú míng.

晓看红湿处，

Xiǎo kàn hóng shī chù,

花重锦官城。

Huā zhòng jǐn guān chéng.

Delightful Rain on a Spring Night

Du Fu (712–770, Tang Dynasty)

Good rain knows which season to fall,

It falls in spring when plants sprout and grow.

It quietly rains with spring breeze at night,

Silently moisturizing everything on earth.

On rainy nights, roads and clouds in the wild are dim,

Only the lights on the river boats are very bright.

After dawn, see the beautiful red flowers with raindrops,

As the entire Jinguan city,

Has become a world of heavy flowers in blossom.

绝句

Jué jù

杜甫 (Dù Fǔ, 712–770, 唐朝 Táng cháo)

两个黄鹂鸣翠柳，

Liǎng gè huáng lí míng cuì liǔ,

一行白鹭上青天。

Yì háng bái lù shàng qīng tiān.

窗含西岭千秋雪，

Chuāng hán xī lǐng qiān qiū xuě,

门泊东吴万里船。

Mén bó dōng wú wàn lǐ chuán.

A Quatrain

Du Fu (712–770, Tang Dynasty)

Two orioles crow in the green willows,

A group of egrets fly into the blue sky.

The window encompasses,

Western Mountain snow for a thousand years.

The gate docks the Eastern Wu boat,

That has travelled ten thousand miles.

白雪歌送武判官归京

Bái xuě gē sòng wǔ pàn guān guī jīng

岑参 (Cén Shēn, 715–770, 唐朝 Táng cháo)

北风卷地白草折，胡天八月即飞雪。

Běi fēng juǎn dì bái cǎo zhé, hú tiān bā yuè jí fēi xuě.

忽如一夜春风来，千树万树梨花开。

Hū rú yí yè chūn fēng lái, qiān shù wàn shù lí huā kāi.

散入珠帘湿罗幕，狐裘不暖锦衾薄。

Sàn rù zhū lián shī luó mù, hú qiú bù nuǎn jǐn qīn bó.

将军角弓不得控，都护铁衣冷难着。

Jiāng jūn jiǎo gōng bù dé kòng, dū hù tiě yī lěng nán zhuó.

瀚海阑干百丈冰，愁云惨淡万里凝。

Hàn hǎi lán gān bǎi zhàng bīng, chóu yún cǎn dàn wàn lǐ níng.

中军置酒饮归客，胡琴琵琶与羌笛。

Zhōng jūn zhì jiǔ yǐn guī kè, hú qín pí pá yǔ qiāng dí.

纷纷暮雪下辕门，风掣红旗冻不翻。

Fēn fēn mù xuě xià yuán mén, fēng chè hóng qí dòng bù fān.

轮台东门送君去，去时雪满天山路。

Lún tái dōng mén sòng jūn qù, qù shí xuě mǎn tiān shān lù.

山回路转不见君，雪上空留马行处。

Shān huí lù zhuǎn bú jiàn jūn, xuě shàng kōng liú mǎ xíng chù.

White Snow Song of Sending
The Military Judge
Back to the Capital

Cen Shen (715–770, Tang Dynasty)

North wind swept the earth and broke the white grass,

Heavy snow fell in mid-August.

As if the spring breeze blew overnight,

The trees blossomed like pear flowers.

Snowflakes flew into the curtain cage to wet the tent,

Even wearing a fox fur robe was not warm.

The general's horn bow was too cold to pull,

And the director's armor was too cold to wear.

The boundless desert formed hundreds of feet of ice,

The sorrowful clouds condensed in the sky.

Put wine in the tent to send the Judge back to the capital,

Adding to the excitement were pipa, qiangdi, and huqin.

At dusk, there was heavy snow outside the gate,

The frozen red flag would not wave in the wind.

Sending the Judge back to the capital

outside the east gate of Luntai,

When departing, mountains were covered with snow.

I could not see him in the twists and turns of mountain,

But only traces of horseshoes were left over in the snow.

枫桥夜泊

Fēng qiáo yè bó

张继 (Zhāng Jì, c.715–779, 唐朝 Táng cháo)

月落乌啼霜满天，

Yuè luò wū tí shuāng mǎn tiān,

江枫渔火对愁眠。

Jiāng fēng yú huǒ duì chóu mián.

姑苏城外寒山寺，

Gū sū chéng wài hán shān sì,

夜半钟声到客船。

Yè bàn zhōng shēng dào kè chuán.

Maple Bridge at Night

Zhang Ji (c.715–779, Tang Dynasty)

The moon had fallen, the crows were crying,

And the sky was full of cold.

Facing the maple trees and fishing fires by the river,

I slept with sorrows.

At the Cold Mountain Temple outside Suzhou City,

The sound of bell ringing at midnight reached my boat.

游子吟

Yóu zǐ yín

孟郊 (Mèng Jiāo, 751–814, 唐朝 Táng cháo)

慈母手中线，

Cí mǔ shǒu zhōng xiàn,

游子身上衣。

Yóu zǐ shēn shàng yī.

临行密密缝，

Lín xíng mì mì fèng,

意恐迟迟归。

Yì kǒng chí chí guī.

谁言寸草心，

Shuí yán cùn cǎo xīn,

报得三春晖。

Bào dé sān chūn huī.

A Traveler's Chant

Meng Jiao (751–814, Tang Dynasty)

The needle and thread in the hands of the loving mother,

Was to make clothes for her son who was traveling far.

Stitching closely and densely before his parting,

She was afraid that her son would be back late,

And the clothes would be worn out.

Who said children with filial piety like weak small grass,

Could repay great motherly love like bright spring light?

竹枝词

Zhú zhī cí

刘禹锡 (Liú Yǔxī, 772–842, 唐朝 Táng cháo)

杨柳青青江水平，

Yáng liǔ qīng qīng jiāng shuǐ píng,

闻郎江上唱歌声。

Wén láng jiāng shàng chàng gē shēng.

东边日出西边雨，

Dōng biān rì chū xī biān yǔ,

道是无晴却有晴。

Dào shì wú qíng què yǒu qíng.

The Lyrics of Bamboo Branch

Liu Yuxi (772–842, Tang Dynasty)

The willows are green, and the river is calm,

I hear my lover singing on the shore.

Sunrise in the east, and rain in the west,

It is said to be cloudy, but it is still clear.

陋室铭

Lòu shì míng

刘禹锡 (Liú Yǔxī, 772–842, 唐朝 Táng cháo)

山不在高，有仙则名。

Shān bú zài gāo, yǒu xiān zé míng.

水不在深，有龙则灵。

Shuǐ bú zài shēn, yǒu lóng zé líng.

斯是陋室，惟吾德馨。

Sī shì lòu shì, wéi wú dé xīn.

苔痕上阶绿，草色入帘青。

Tái hén shàng jiē lǜ, cǎo sè rù lián qīng.

谈笑有鸿儒，往来无白丁。

Tán xiào yǒu hóng rú, wǎng lái wú bái dīng.

可以调素琴，阅金经。

Kě yǐ tiáo sù qín, yuè jīn jīng.

无丝竹之乱耳，无案牍之劳形。

Wú sī zhú zhī luàn ěr, wú àn dú zhī láo xíng.

南阳诸葛庐，西蜀子云亭。

Nán yáng zhū gé lú, xī shǔ zǐ yún tíng.

孔子云：何陋之有？

Kǒngzǐ yún: Hé lòu zhī yǒu?

Shabby Home Inscription

Liu Yuxi (772–842, Tang Dynasty)

A mountain needs not to be high,

It will be famous if there is a sage living there.

A river needs not to be deep,

It will be efficacious if there is a dragon in it.

Although my home is shabby,

I have a high moral character.

The moss is green on the doorsteps,

The color of green grass enters the window curtain.

There are learned people talking and laughing,

No illiterate people are present.

One can tune Suqin and read golden scriptures.

There is no sound of music to disturb the ears,

No official documents to make the body tired.

Nanyang has Zhuge Liang's thatched house,

Xishu has Yang Ziyun's pavilion.

[Both homes are simple,

But the people living inside are famous]

Confucius asked: What kind of shabby is there?

赋得古原草送别

Fù dé gǔ yuán cǎo sòng bié

白居易 (Bái Jūyì, 772–846, 唐朝 Táng cháo)

离离原上草，一岁一枯荣。

Lí lí yuán shàng cǎo, yí suì yì kū róng.

野火烧不尽，春风吹又生。

Yě huǒ shāo bú jìn, chūn fēng chuī yòu shēng.

远芳侵古道，晴翠接荒城。

Yuǎn fāng qīn gǔ dào, qíng cuì jiē huāng chéng.

又送王孙去，萋萋满别情。

Yòu sòng wáng sūn qù, qī qī mǎn bié qíng.

A Farewell on Ancient Prairie Grass

Bai Juyi (772–846, Tang Dynasty)

The ancient prairie is covered with lush green grass,

Withers and prospers every year.

Wildfire cannot entirely consume it.

When spring breeze blows, it breeds and grows again.

Spring grass in the distance has invaded the ancient road,

The green color under the sun connects the deserted city.

I am here to send off my friend again,

The luxuriant grass contains full of my parting feelings.

长恨歌

Cháng hèn gē

白居易 (Bái Jūyì, 772–846, 唐朝 Táng cháo)

汉皇重色思倾国，御宇多年求不得。

Hàn huáng zhòng sè sī qīng guó, yù yǔ duō nián qiú bù dé.

杨家有女初长成，养在深闺人未识。

Yáng jiā yǒu nǚ chū zhǎng chéng, yǎng zài shēn guī rén wèi shí.

天生丽质难自弃，一朝选在君王侧。

Tiān shēng lì zhì nán zì qì, yī zhāo xuǎn zài jūn wáng cè.

回眸一笑百媚生，六宫粉黛无颜色。

Huí móu yí xiào bǎi mèi shēng, liù gōng fěn dài wú yán sè.

春寒赐浴华清池，温泉水滑洗凝脂。

Chūn hán cì yù huá qīng chí, wēn quán shuǐ huá xǐ níng zhī.

侍儿扶起娇无力，始是新承恩泽时。

Shì ér fú qǐ jiāo wú lì, shǐ shì xīn chéng ēn zé shí.

云鬓花颜金步摇，芙蓉帐暖度春宵。

Yún bìn huā yán jīn bù yáo, fú róng zhàng nuǎn dù chūn xiāo.

春宵苦短日高起，从此君王不早朝。

Chūn xiāo kǔ duǎn rì gāo qǐ, cóng cǐ jūn wáng bù zǎo cháo.

承欢侍宴无闲暇，春从春游夜专夜。

Chéng huān shì yàn wú xián xiá, chūn cóng chūn yóu yè zhuān yè.

后宫佳丽三千人，三千宠爱在一身。

Hòu gōng jiā lì sān qiān rén, sān qiān chǒng ài zài yì shēn.

金屋妆成娇侍夜，玉楼宴罢醉和春。

Jīn wū zhuāng chéng jiāo shì yè, yù lóu yàn bà zuì hé chūn.

姊妹弟兄皆列土，可怜光彩生门户。

Zǐ mèi dì xiōng jiē liè tǔ, kě lián guāng cǎi shēng mén hù.

遂令天下父母心，不重生男重生女。

Suì lìng tiān xià fù mǔ xīn, bú zhòng shēng nán zhòng shēng nǔ.

骊宫高处入青云，仙乐风飘处处闻。

Lí gōng gāo chù rù qīng yún, xiān yuè fēng piāo chù chù wén.

缓歌慢舞凝丝竹，尽日君王看不足。

Huǎn gē màn wǔ níng sī zhú, jìn rì jūn wáng kàn bù zú.

渔阳鼙鼓动地来，惊破霓裳羽衣曲。

Yú yáng pí gǔ dòng dì lái, jīng pò ní cháng yǔ yī qǔ.

九重城阙烟尘生，千乘万骑西南行。

Jiǔ chóng chéng què yān chén shēng, qiān chéng wàn qí xī nán xíng.

翠华摇摇行复止，西出都门百余里。

Cuì huá yáo yáo xíng fù zhǐ, xī chū dōu mén bǎi yú lǐ.

六军不发无奈何，宛转蛾眉马前死。

Liù jūn bù fā wú nài hé, wǎn zhuǎn é méi mǎ qián sǐ.

花钿委地无人收，翠翘金雀玉搔头。

Huā diàn wěi dì wú rén shōu, cuì qiào jīn què yù sāo tóu.

君王掩面救不得，回看血泪相和流。

Jūn wáng yǎn miàn jiù bù dé, huí kàn xuè lèi xiāng hé liú.

黄埃散漫风萧索，云栈萦纡登剑阁。

Huáng āi sàn màn fēng xiāo suǒ, yún zhàn yíng yū dēng jiàn gé.

峨嵋山下少人行，旌旗无光日色薄。

É méi shān xià shǎo rén xíng, jīng qí wú guāng rì sè bó.

蜀江水碧蜀山青，圣主朝朝暮暮情。

Shǔ jiāng shuǐ bì shǔ shān qīng, shèng zhǔ zhāo zhāo mù mù qíng.

行宫见月伤心色，夜雨闻铃肠断声。

Xíng gōng jiàn yuè shāng xīn sè, yè yǔ wén líng cháng duàn shēng.

天旋地转回龙驭，到此踌躇不能去。

Tiān xuán dì zhuǎn huí lóng yù, dào cǐ chóu chú bù néng qù.

马嵬坡下泥土中，不见玉颜空死处。

Mǎ wéi pō xià ní tǔ zhōng, bú jiàn yù yán kōng sǐ chù.

君臣相顾尽沾衣，东望都门信马归。

Jūn chén xiāng gù jìn zhān yī, dōng wàng dū mén xìn mǎ guī.

归来池苑皆依旧，太液芙蓉未央柳。

Guī lái chí yuàn jiē yī jiù, tài yè fú róng wèi yāng liǔ.

芙蓉如面柳如眉，对此如何不泪垂？

Fú róng rú miàn liǔ rú méi, duì cǐ rú hé bú lèi chuí?

春风桃李花开日，秋雨梧桐叶落时。

Chūn fēng táo lǐ huā kāi rì, qiū yǔ wú tóng yè luò shí.

西宫南内多秋草，落叶满阶红不扫。

Xī gōng nán nèi duō qiū cǎo, luò yè mǎn jiē hóng bù sǎo.

梨园弟子白发新，椒房阿监青娥老。

Lí yuán dì zǐ bái fà xīn, jiāo fáng ā jiān qīng é lǎo.

夕殿萤飞思悄然，孤灯挑尽未成眠。

Xī diàn yíng fēi sī qiǎo rán, gū dēng tiǎo jìn wèi chéng mián.

迟迟钟鼓初长夜，耿耿星河欲曙天。

Chí chí zhōng gǔ chū cháng yè, gěng gěng xīng hé yù shǔ tiān.

鸳鸯瓦冷霜华重，翡翠衾寒谁与共？

Yuān yāng wǎ lěng shuāng huá zhòng, fěi cuì qīn hán shuí yǔ gòng?

悠悠生死别经年，魂魄不曾来入梦。

Yōu yōu shēng sǐ bié jīng nián, hún pò bù céng lái rù mèng.

临邛道士鸿都客，能以精诚致魂魄。

Lín qióng dào shì hóng dū kè, néng yǐ jīng chéng zhì hún pò.

为感君王辗转思，遂教方士殷勤觅。

Wèi gǎn jūn wáng niǎn zhuǎn sī, suì jiào fāng shì yīn qín mì.

排空驭气奔如电，升天入地求之遍。

Pái kōng yù qì bēn rú diàn, shēng tiān rù dì qiú zhī biàn.

上穷碧落下黄泉，两处茫茫皆不见。

Shàng qióng bì luò xià huáng quán, liǎng chù máng máng jiē bú jiàn.

忽闻海上有仙山，山在虚无缥缈间。

Hū wén hǎi shàng yǒu xiān shān, shān zài xū wú piāo miǎo jiān.

楼阁玲珑五云起，其中绰约多仙子。

Lóu gé líng lóng wǔ yún qǐ, qí zhōng chuò yuē duō xiān zǐ.

中有一人字太真，雪肤花貌参差是。

Zhōng yǒu yì rén zì tài zhēn, xuě fū huā mào cēn cī shì.

金阙西厢叩玉扃，转教小玉报双成。

Jīn què xī xiāng kòu yù jiōng, zhuǎn jiào xiǎo yù bào shuāng chéng.

闻道汉家天子使，九华帐里梦魂惊。

Wén dào hàn jiā tiān zǐ shǐ, jiǔ huá zhàng lǐ mèng hún jīng.

揽衣推枕起徘徊，珠箔银屏迤逦开。

Lǎn yī tuī zhěn qǐ pái huái, zhū bó yín píng yǐ lǐ kāi.

云鬓半偏新睡觉，花冠不整下堂来。

Yún bìn bàn piān xīn shuì jiào, huā guān bù zhěng xià táng lái.

风吹仙袂飘飖举，犹似霓裳羽衣舞。

Fēng chuī xiān mèi piāo yáo jǔ, yóu sì ní cháng yǔ yī wǔ.

玉容寂寞泪阑干，梨花一枝春带雨。

Yù róng jì mò lèi lán gān, lí huā yì zhī chūn dài yǔ.

含情凝睇谢君王，一别音容两渺茫。

Hán qíng níng dì xiè jūn wáng, yì bié yīn róng liǎng miǎo máng.

昭阳殿里恩爱绝，蓬莱宫中日月长。

Zhāo yáng diàn lǐ ēn ài jué, péng lái gōng zhōng rì yuè cháng.

回头下望人寰处，不见长安见尘雾。

Huí tóu xià wàng rén huán chù, bú jiàn cháng ān jiàn chén wù.

惟将旧物表深情，钿合金钗寄将去。

Wéi jiāng jiù wù biǎo shēn qíng, diàn hé jīn chāi jì jiāng qù.

钗留一股合一扇，钗擘黄金合分钿。

Chāi liú yì gǔ hé yí shàn, chāi bò huáng jīn hé fēn diàn.

但教心似金钿坚，天上人间会相见。

Dàn jiào xīn sì jīn diàn jiān, tiān shàng rén jiān huì xiāng jiàn.

临别殷勤重寄词，词中有誓两心知。

Lín bié yīn qín zhòng jì cí, cí zhōng yǒu shì liǎng xīn zhī.

七月七日长生殿，夜半无人私语时。

Qī yuè qī rì cháng shēng diàn, yè bàn wú rén sī yǔ shí.

在天愿作比翼鸟，在地愿为连理枝。

Zài tiān yuàn zuò bǐ yì niǎo, zài dì yuàn wéi lián lǐ zhī.

天长地久有时尽，此恨绵绵无绝期。

Tiān cháng dì jiǔ yǒu shí jìn, cǐ hèn mián mián wú jué qī.

The Song of Everlasting Regret

Bai Juyi (772–846, Tang Dynasty)

Emperor Tang Ming preferred beauty,

He had been looking for extremely beautiful women

for many years but had found nobody in the Palace.

The Yang family had a daughter who had just grown up.

Raised in a deep boudoir,

The outsiders did not know she was so beautiful.

Naturally delicate and exquisite,

It did not take long for her to become a consort

by Emperor Tang Ming's side.

When she turned back and smiled, she was full of charm.

The concubines in the Palace,

They were all overshadowed by her beauty.

In early spring, the emperor offered her a bath

in the Huaqing Pond,

The warm spring water washed her creamy-white skin.

A maid assisted her in coming out of the bath,

She looked as gentle and sparkling as a lotus,

Since then, she began to gain the emperor's favor.

Her face was like a flower,

Her temple hair was like clouds,

And her head wore a golden-step-shake hairpin.

In the warm hibiscus tent,

She spent the evenings with the emperor.

The emperor loathed the nights being short,

And the sun rose high.

He no longer got up early to work in the office.

Serving the emperor drinks while sharing his joy,

She was busy without free time.

Travelling with the emperor in spring,

She accompanied him every night.

There were 3,000 concubines in the palace,

She was the only one who enjoyed the emperor's favor.

Dressing up in the Golden Room,

She acted coquettishly and stayed with the emperor.

After the banquet in the Jade Building,

Her drunkenness added more glamor.

Her siblings were all awarded land,

And ranked marquis because of her,

And the Yang family's brilliance was widely enviable.

Thus, all parents under heaven

Preferred to give birth to girls rather than boys.

The Jade Building in Huaqing Palace on Li Mountain,

Rose up into the clouds.

The breeze spread the celestial music in all directions.

The light song and the slow dance were in harmony,

And the orchestral melody was vivid.

The emperor watched it all day long,

And he was never tired of it.

The drums of Yuyang Rebellion were deafening,

And the Rainbow and Feather Garments music,

Stopped in the palace.

The palace instantly became dusty,

And the emperor fled southwest

with the ministers and family members.

The convoy group walked and stopped,

Although it was only a hundred miles

West of Chang'an from Yanqiu Gate.

The Sixth Army stagnated,

And demanded consort Yang Yuhuan's death.

The emperor had no choice,

But to hang her at the Mawei Hillside.

Her jade and gold hairpins,

And precious head ornaments were many,

which all scattered over the ground,

But no one cleaned them up.

The emperor wished to save her life but could not,

He covered his face and wept.

Looking at the tragic death scene

of his beloved imperial consort,

The emperor's heart was bleeding,

And he burst into tears.

The autumn wind swept away the fallen leaves,

And the yellow dust had disappeared.

The group of chariots set foot

on the ancient winding Jiange Road.

There were few pedestrians on Mount Emei,

The flags were pale, and the sun was dull.

The beautiful mountains and clear waters in Shu land,

Aroused the emperor's lovesickness.

Looking at the moon in the palace,

His eyes were full of tears.

Listening to the songs on rainy nights,

It brought him misery.

After the rebellion subsided,

The emperor returned to Chang'an.

Passing by Mawei Hillside,

Seeing the scene and thinking of Yang Yuhuan,

The emperor hesitated to move forward.

Under Mawei Hill was the desolate yellow tomb,

But the emperor could no longer see the beauty,

Only her tomb lay between the hills.

The emperor and his ministers looked at each other,

Wet their clothes with tears.

They looked toward the capital in the east direction,

Heartbrokcn.

When the emperor returned to the palace,

The hibiscus was still by the side of Taiye Pool,

And the weeping willows in Weiyang Palace,

Remained unchanged.

The hibiscus opened like Yang Yuhuan's face,

And the weeping willows looked like her eyebrows.

How could he not feel sad after seeing these?

The spring breeze blew,

And the peach and plum bloomed.

The autumn rain dropped on the fallen leaves of wutong.

The West and South Halls were in depression,

with autumn grass overgrown.

The fallen leaves were all over the steps,

But no one had been sweeping.

The actor's hair turned grey,

And the maid's beauty faded away.

In the evenings, the fireflies were flying in the palace,

The emperor could hardly fall asleep,

after the lonely lamp was exhausted.

The more he counted the sounds of the bells and drums,

The more he felt the nights were too long.

Looking at the sky and galaxy, he was awake till dawn.

The mandarin duck was reborn on a frosty tile,

But who could sleep with the emperor now

in the cold jadeite quilt?

They had been separated by life and death for a year,

Why had she not come to his dreams?

Linqiong Daoist priest was then visiting Chang'an,

He could attract Yang Yuhuan's soul with spells.

The emperor's affection for former consort touched him,

He took the order and searched carefully in the clouds.

Driving the clouds into the wind,

Going horizontally like lightning,

Ascending vertically in the upper world,

And the underworld,

But none of these had a result.

Suddenly, he heard that there was a fairy mountain,

Surrounded by white clouds on the sea.

The towers were supported by colorful clouds,

Where there were countless goddesses,

All of whom graceful and charming.

One of them was named Taizhen ["Too True"],

Her skin was like snow and her face like a flower,

It seemed that she was Yang Yuhuan

whom the emperor was looking for.

The Daoist priest came to the west of Jinque,

Knocking on the door made of jade and stone,

He softly asked the maid to report about his arrival.

Taizhen heard the emperor's messenger had arrived,

She was awakened in the tent.

Putting on clothes and pushing away pillows,

She got out of the sleeping tent.

She opened the screens one by one,

And lowered the bead curtain.

Her hair was half groomed as she had just woken up,

Walking off the altar before dressing up,

She was still wearing the corolla crookedly.

The gentle celestial wind blew her sleeves slightly,

Like Rainbow and Feather Garments Dance.

Tears streaming down her lonely and sad face,

Like a pear blossom in spring rain.

Staring at the emperor's emissary,

She thanked the emperor deeply.

After Mawei Hillside's long parting,

No news or sight of each other.

Their marriage in Zhaoyang Palace had long gone,

And her loneliness in Penglai Palace was still long.

Looking back at the human world,

Chang'an was hidden,

And only dust and fog could be seen.

She could only use past tokens

to express her deep feelings for the emperor,

And asked the messenger

to bring them to the emperor as souvenirs.

One strand of her gold hairpin was sent,

And half of the tin box was sent,

The gold hairpin split the gold,

And the tin box divided the tin.

She hoped that their loving hearts

Were as loyal and stable as gold and tin,

And they would have a chance to see each other

Between heaven and earth.

On parting, she asked the priest

to send her loving message to the emperor,

And the words in the message,

They were only known to the emperor and her.

In the Longevity Hall,

on the 7th night of the 7th lunar month of that year,

They took a vow when no one else was present.

In heaven,

They'd be a pair of lovebirds flying wing to wing.

On earth,

They'd be a pair of joint trees growing side by side.

Even the heaven and earth would have an end,

Their regret of parting between life and death,

It was everlasting.

琵琶行

Pí pá xíng

白居易 (Bái Jūyì, 772–846, 唐朝 Táng cháo)

序：元和十年，予左迁九江郡司马。明年秋，送客湓浦口，闻舟中夜弹琵琶者，听其音，铮铮然有京都声。问其人，本长安倡女，尝学琵琶于穆、曹二善才，年长色衰，委身为贾人妇。遂命酒，使快弹数曲。曲罢悯然，自叙少小时欢乐事，今漂沦憔悴，转徙于江湖间。予出官二年，恬然自安，感斯人言，是夕始觉有迁谪意。因为长句，歌以赠之，凡六百一十二言，命曰《琵琶行》。

浔阳江头夜送客，枫叶荻花秋瑟瑟。

Xún yáng jiāng tóu yè sòng kè, fēng yè dí huā qiū sè sè.

主人下马客在船，举酒欲饮无管弦。

Zhǔ rén xià mǎ kè zài chuán, jǔ jiǔ yù yǐn wú guǎn xián.

醉不成欢惨将别，别时茫茫江浸月。

Zuì bù chéng huān cǎn jiāng bié, bié shí máng máng jiāng jìn yuè.

忽闻水上琵琶声，主人忘归客不发。

Hū wén shuǐ shàng pí pá shēng, zhǔ rén wàng guī kè bù fā.

寻声暗问弹者谁？琵琶声停欲语迟。

Xún shēng àn wèn tán zhě shuí? Pí pá shēng tíng yù yǔ chí.

移船相近邀相见，添酒回灯重开宴。

Yí chuán xiāng jìn yāo xiāng jiàn, tiān jiǔ huí dēng chóng kāi yàn.

千呼万唤始出来，犹抱琵琶半遮面。

Qiān hū wàn huàn shǐ chū lái, yóu bào pí pá bàn zhē miàn.

转轴拨弦三两声，未成曲调先有情。

Zhuǎn zhóu bō xián sān liǎng shēng, wèi chéng qǔ diào xiān yǒu qíng.

弦弦掩抑声声思，似诉平生不得志。

Xián xián yǎn yì shēng shēng sī, sì sù píng shēng bù dé zhì.

低眉信手续续弹，说尽心中无限事。

Dī méi xìn shǒu xù xù tán, shuō jìn xīn zhōng wú xiàn shì.

轻拢慢捻抹复挑，初为霓裳后六幺。

Qīng lǒng màn niǎn mǒ fù tiǎo, chū wéi ní cháng hòu liù yāo.

大弦嘈嘈如急雨，小弦切切如私语。

Dà xián cáo cáo rú jí yǔ, xiǎo xián qiè qiè rú sī yǔ.

嘈嘈切切错杂弹，大珠小珠落玉盘。

Cáo cáo qiè qiè cuò zá tán, dà zhū xiǎo zhū luò yù pán.

间关莺语花底滑，幽咽泉流冰下难。

Jiān guān yīng yǔ huā dǐ huá, yōu yàn quán liú bīng xià nán.

冰泉冷涩弦凝绝，凝绝不通声暂歇。

Bīng quán lěng sè xián níng jué, níng jué bù tōng shēng zàn xiē.

别有幽愁暗恨生，此时无声胜有声。

Bié yǒu yōu chóu àn hèn shēng, cǐ shí wú shēng shèng yǒu shēng.

银瓶乍破水浆迸，铁骑突出刀枪鸣。

Yín píng zhà pò shuǐ jiāng bèng, tiě qí tū chū dāo qiāng míng.

曲终收拨当心画，四弦一声如裂帛。

Qǔ zhōng shōu bō dāng xīn huà, sì xián yì shēng rú liè bó.

东船西舫悄无言，唯见江心秋月白。

Dōng chuán xī fǎng qiāo wú yán, wéi jiàn jiāng xīn qiū yuè bái.

沉吟放拨插弦中，整顿衣裳起敛容。

Chén yín fàng bō chā xián zhōng, zhěng dùn yī shang qǐ liǎn róng.

自言本是京城女，家在虾蟆陵下住。

Zì yán běn shì jīng chéng nǚ, jiā zài há má líng xià zhù.

十三学得琵琶成，名属教坊第一部。

Shí sān xué dé pí pá chéng, míng shǔ jiào fāng dì yī bù.

曲罢曾教善才服，妆成每被秋娘妒。

Qǔ bà céng jiào shàn cái fú, zhuāng chéng měi bèi qiū niáng dù.

五陵年少争缠头，一曲红绡不知数。

Wǔ líng nián shào zhēng chán tóu, yì qǔ hóng xiāo bù zhī shù.

钿头银篦击节碎，血色罗裙翻酒污。

Diàn tóu yín bì jī jié suì, xuè sè luó qún fān jiǔ wū.

今年欢笑复明年，秋月春风等闲度。

Jīn nián huān xiào fù míng nián, qiū yuè chūn fēng děng xián dù.

弟走从军阿姨死，暮去朝来颜色故。

Dì zǒu cóng jūn ā yí sǐ, mù qù zhāo lái yán sè gù.

门前冷落鞍马稀，老大嫁作商人妇。

Mén qián lěng luò ān mǎ xī, lǎo dà jià zuò shāng rén fù.

商人重利轻别离，前月浮梁买茶去。

Shāng rén zhòng lì qīng bié lí, qián yuè fú liáng mǎi chá qù.

去来江口守空船，绕船月明江水寒。

Qù lái jiāng kǒu shǒu kōng chuán, rào chuán yuè míng jiāng shuǐ hán.

夜深忽梦少年事，梦啼妆泪红阑干。

Yè shēn hū mèng shào nián shì, mèng tí zhuāng lèi hóng lán gān.

我闻琵琶已叹息，又闻此语重唧唧。

Wǒ wén pí pá yǐ tàn xí, yòu wén cǐ yǔ chóng jī jī.

同是天涯沦落人，相逢何必曾相识！

Tóng shì tiān yá lún luò rén, xiāng féng hé bì céng xiāng shí!

我从去年辞帝京，谪居卧病浔阳城。

Wǒ cóng qù nián cí dì jīng, zhé jū wò bìng xún yáng chéng.

浔阳地僻无音乐，终岁不闻丝竹声。

Xún yáng dì pì wú yīn yuè, zhōng suì bù wén sī zhú shēng.

住近湓江地低湿，黄芦苦竹绕宅生。

Zhù jìn pén jiāng dì dǐ shī, huáng lú kǔ zhú rào zhái shēng.

其间旦暮闻何物？杜鹃啼血猿哀鸣。

Qí jiān dàn mù wén hé wù? Dù juān tí xuè yuán āi míng.

春江花朝秋月夜，往往取酒还独倾。

Chūn jiāng huā zhāo qiū yuè yè, wǎng wǎng qǔ jiǔ hái dú qīng.

岂无山歌与村笛？呕哑嘲哳难为听。

Qǐ wú shān gē yǔ cūn dí? Ǒu yǎ zhāo zhā nán wéi tīng.

今夜闻君琵琶语，如听仙乐耳暂明。

Jīn yè wén jūn pí pá yǔ, rú tīng xiān yuè ěr zàn míng.

莫辞更坐弹一曲，为君翻作琵琶行。

Mò cí gèng zuò tán yì qǔ, wèi jūn fān zuò pí pá xíng.

感我此言良久立，却坐促弦弦转急。

Gǎn wǒ cǐ yán liáng jiǔ lì, què zuò cù xián xián zhuǎn jí.

凄凄不似向前声，满座重闻皆掩泣。

Qī qī bú sì xiàng qián shēng, mǎn zuò chóng wén jiē yǎn qì.

座中泣下谁最多？江州司马青衫湿。

Zuò zhōng qì xià shuí zuì duō? Jiāng zhōu sī mǎ qīng shān shī.

The Ballad of Pipa

Bai Juyi (772–846, Tang Dynasty)

Preface

In the 10th year of Yuanhe (816), I was demoted to Sima [an official position in ancient China] in Jiujiang county. One night in the autumn of the following year, I was sending a guest to Penpukou, I heard someone playing pipa on a boat. Listening to the sound, there was a rhyme that was popular in the capital city of Chang'an (today's Xi'an). Inquiring about the player, she turned out to be a singer from Chang'an who once learned the art from two pipa masters, Mu and Cao. When she became older, she retired and married a businessman. Thus, I offered her a drink and asked her to play a few tunes. After she finished playing, she looked a little depressed. She talked about the joys of her youth, but now she was haggard and distressed, wandering between rivers and lakes, drifting and sinking. I had been transferred to Jiujiang from Chang'an for 2 years, and I felt comfortable and enjoyed myself. Today, I was touched by her words and felt demoted tonight. So, I wrote the long poem dedicated to her, with a total of 612 characters, titled "The Ballad of Pipa."

Poem

On the night,

I went to Xunyang Riverhead to send off a guest.

Autumn cold wind blew maple leaves and reed flowers.

We dismounted and had a banquet on the boat.

We raised our glasses of wine,

But it was unhelpful without music.

We did not drink to contentment,

And we felt sad about the parting.

The bright moon was reflected in the vast river at night.

Suddenly, I heard a crisp sound of pipa on the river,

I forgot to return, and the guest did not want to leave.

Looking for the source of sound,

And asking who was playing the pipa,

The sound of pipa stopped,

And the player was slow in speaking.

We moved our boats closer, inviting her out to meet,

Asking the servant to add more wine,

And putting on the lights again to reset the banquet.

After many calls, she walked out slowly,

Still holding the pipa in her arms,

Covering half of her face.

She tightened the shaft,

And plucked the strings for a few trials.

It sounded very affectionate before the tune was formed.

Every string of sound was sorrowful and contemplative,

As if she was telling us that her life was unsatisfied.

She lowered her head and played continuously,

Using the sound of pipa to tell her past story.

She gently caressed, slowly rubbed down,

Wiped up and picked up.

She first played "Rainbow and Feather Garments,"

And then "Six Yao."

The big string was long, full, and noisy like a storm,

The small string was gentle and quiet like whispering.
The noisy and quiet sounds were played alternately,
Like a string of big and small beads
Falling onto a jade plate.

The pipa was played as crisply as a yellow warbler,
Singing softly under flowers.
And the swallow was like a clear spring,
Flowing under the beach.
The sound of pipa was like cold water,
Beginning to condense.
And the condensed but unsmooth sound,
Was gradually interrupted.
Like another kind of melancholy,
Hatred was secretly bred.
At this moment, silence was more moving than sound.
Suddenly, it was as if a silver bottle was smashed,
And the water splashed out,
Or it was as if the armored cavalry was fighting
with knives and guns.
At the end of the music,
She drew toward the center of the strings,
And the four strings roared as if tearing a cloth.
The audience in the east and west boats,
All listened quietly.
Only seeing the shadow of the white autumn moon,
in the middle of the river.

She groaned, putting away the picks,

And inserting them into the strings,

Still showing a solemn face

when she straightened her clothes.

She said she was originally a famous singer

in the capital city.

And her hometown was Xiamaling

in the southeast of Chang'an.

She had learned the skill of playing pipa at the age of 13.

And her name was listed,

in the First Team of Jiaofang Orchestra.

Every time she finished playing a song,

The masters were impressed.

And every time she put on makeup,

The fellow singers were jealous.

The wealthy boys in the capital,

Rushed to line up to watch her performance.

And the number of red ribbons

Collected after each performance was countless.

She often beat with her gold and silver hairpins,

which broke and shattered.

And her red silk skirts were often stained

by wine but without regret.

She lived a life with laughter and jokes year after year,

The good times of autumn and spring had gone in vain.

Her brother joined the army, and her aunt passed away,

As time passed by, she also grew old,

And her beauty faded away.

There were fewer patrons in her house,

Later, she married a businessman as his wife.

The businessman paid more attention to profit

than affection, and they parted often.

Last month, he went to Fuliang to do tea business.

He left her alone in the empty boat at the river mouth,

The bright moon circled around the cabin

in the cold autumn water.

Later at night,

She often dreamed of having fun as a teenager,

Crying and waking up in the dream,

Her pink face was smeared with tears.

I sighed after hearing her pipa play,

It made me even more sad after hearing her story.

Both being unfortunate people

who had fallen into this corner of the world.

Why bother asking if we had ever met before

when we were meeting today?

Since I was demoted and left Chang'an last year,

I lived on Xunyang Riverbank and often fell ill.

Xunyang was a desolate and remote place without music,

No sound of orchestral instrument all year round.

Living in the low-lying and humid place of Penjiang,

Yellow reeds and bitter bamboo surrounded my house.

What did I hear in the mornings and evenings?

All the sad wailings of cuckoos and apes.

On the nights of spring river blossoms,

And autumn river moon,

I often took out wine and drank alone.

Was there no folk song or village flute?

It was just that the tune was often rough and hoarse.

Tonight, I listened to her pipa play

to express her heartfelt feelings,

Just like hearing celestial music

That brightened and cleared my ears.

I asked her not to refuse me,

But to sit down and play another song.

As I wanted to compose "The Ballad of Pipa" for her.

Touched by my words, she stood for a while,

Turned around and sat down.

Then she squeezed the strings tightly,

And made a hurrying sound.

It was melancholic, unlike the previous sound,

Rehearing her play,

Every listener hid their face and wept.

If asking who shed the most tears among the audience?

The Jiangzhou Sima's tears drenched my shirt.

题都城南庄

Tí dū chéng nán zhuāng

崔护 (Cuī Hù, 772–846, 唐朝 Táng cháo)

去年今日此门中，

Qù nián jīn rì cǐ mén zhōng,

人面桃花相映红。

Rén miàn táo huā xiāng yìng hóng.

人面不知何处去，

Rén miàn bù zhī hé chù qù,

桃花依旧笑春风。

Táo huā yī jiù xiào chūn fēng.

Writing at South Farmhouse of the Capital City

Cui Hu (772–846, Tang Dynasty)

Last year on this day at this gate,

Her rosy cheeks and the peach blossoms,

Mirrored each other.

I do not know where the girl has gone,

But the peach blossoms still smile in the spring breeze.

悯农

Mǐn nóng

李绅 (Lǐ Shēn, 772–846, 唐朝 Táng cháo)

锄禾日当午，

Chú hé rì dāng wǔ,

汗滴禾下土。

Hàn dī hé xià tǔ.

谁知盘中餐，

Shuí zhī pán zhōng cān,

粒粒皆辛苦。

Lì lì jiē xīn kǔ.

Sympathy for Farmers

Li Shen (772–846, Tang Dynasty)

Hoeing the seedlings of crops under the midday sun,

The sweats dropped to the ground.

Who would know the food on your plates,

Every grain was the farmers' hard work.

清明

Qīng míng

杜牧 (Dù Mù, 803–852, 唐朝 Táng cháo)

清明时节雨纷纷，

Qīng míng shí jié yǔ fēn fēn,

路上行人欲断魂。

Lù shàng xíng rén yù duàn hún.

借问酒家何处有？

Jiè wèn jiǔ jiā hé chù yǒu?

牧童遥指杏花村。

Mù tóng yáo zhǐ xìng huā cūn.

Qingming Festival

Du Mu (803–852, Tang Dynasty)

Raining continuously during the Qingming Festival,

The pedestrians on the road had sorrowful souls.

When I asked where there was a restaurant,

The shepherd boy pointed at the distant

Apricot Blossom Village.

山行

Shān xíng

杜牧 (Dù Mù, 803–852, 唐朝 Táng cháo)

远上寒山石径斜，

Yuǎn shàng hán shān shí jìng xié,

白云生处有人家。

Bái yún shēng chù yǒu rén jiā.

停车坐爱枫林晚，

Tíng chē zuò ài fēng lín wǎn,

霜叶红于二月花。

Shuāng yè hóng yú èr yuè huā.

A Mountain Trip

Du Mu (803–852, Tang Dynasty)

Far to the top of Cold Mountain,

There was a winding stone path.

And there were few households,

Behind the rising white clouds.

I stopped the carriage,

As I loved the evening scene of maple forest.

And the maple leaves after frost

Were redder than February flowers.

乐游原

Lè yóu yuán

李商隐 (Lǐ Shāngyǐn, 813–858, 唐朝 Táng cháo)

向晚意不适，

Xiàng wǎn yì bú shì,

驱车登古原。

Qū chē dēng gǔ yuán.

夕阳无限好，

Xī yáng wú xiàn hǎo,

只是近黄昏。

Zhǐ shì jìn huáng hūn.

Leyou Heights

Li Shangyin (813–858, Tang Dynasty)

Feeling unhappy in the evening,

I drove up to the ancient heights.

The sunset was infinitely beautiful,

But it was just near dusk.

虞美人

Yú měi rén

李煜 (Lǐ Yù, 937–978, 唐朝 Táng cháo)

春花秋月何时了，

Chūn huā qiū yuè hé shí liǎo,

往事知多少？

Wǎng shì zhī duō shǎo?

小楼昨夜又东风，

Xiǎo lóu zuó yè yòu dōng fēng,

故国不堪回首月明中！

Gù guó bù kān huí shǒu yuè míng zhōng!

雕栏玉砌应犹在，

Diāo lán yù qì yīng yóu zài,

只是朱颜改。

Zhǐ shì zhū yán gǎi.

问君能有几多愁？

Wèn jūn néng yǒu jǐ duō chóu?

恰似一江春水向东流。

Qià sì yì jiāng chūn shuǐ xiàng dōng liú.

The Beautiful Lady Yu

Li Yu (937–978, Tang Dynasty)

When will spring flowers stop blooming,

And autumn moons stop shining?

In the past years,

There have been too many sad things happening.

The east wind blew again in the small tower last night,

I could not help but look back at my homeland

Under the bright moonlight!

The intricately carved railings and jade steps,

They should still be there.

It is just that the people living inside have changed.

If you ask me how much sorrow I have in my heart,

It is just like the surging spring water

Flowing eastward endlessly.

生查子·元夕

Shēng zhā zǐ · yuán xī

欧阳修 (Ōuyáng Xiū, 1007–1072, 北宋 Běi sòng)

去年元夜时，

Qù nián yuán yè shí,

花市灯如昼。

Huā shì dēng rú zhòu.

月上柳梢头，

Yuè shàng liǔ shāo tóu,

人约黄昏后。

Rén yuē huáng hūn hòu.

今年元夜时，

Jīn nián yuán yè shí,

月与灯依旧。

Yuè yǔ dēng yī jiù.

不见去年人，

Bú jiàn qù nián rén,

泪湿春衫袖。

Lèi shī chūn shān xiù.

To Fresh Berries: Lantern Festival

Ouyang Xiu (1007–1072, Northern Song Dynasty)

During the Lantern Festival,

on the 15th night of the first lunar month last year,

The flower market lights were as bright as daytime.

The moon rose at the top of the willow trees,

He asked me to meet him after dusk.

During the Lantern Festival,

on the 15th night of the first lunar month this year,

The moonlight and lights were the same as last year.

But I have never seen last year's lover again,

My teardrops drenched my clothes.

元日

Yuán rì

王安石 (Wáng Ānshí, 1021–1086, 北宋 Běi sòng)

爆竹声中一岁除，

Bào zhú shēng zhōng yí suì chú,

春风送暖入屠苏，

Chūn fēng sòng nuǎn rù tú sū,

千门万户曈曈日，

Qiān mén wàn hù tóng tóng rì,

总把新桃换旧符。

Zǒng bǎ xīn táo huàn jiù fú.

New Year's Day

Wang Anshi (1021–1086, Northern Song Dynasty)

In the loud sound of firecrackers,

The old year has passed.

The spring breeze brings warmth,

And people drink Tusu wine happily.

Thousands of households watch the sunrise

on the first day of spring.

People always replace old peach symbols

with the new couplets.

泊船瓜洲

Bó chuán guā zhōu

王安石 (Wáng Ānshí, 1021–1086, 北宋 Běi sòng)

京口瓜洲一水间，

Jīng kǒu guā zhōu yì shuǐ jiān,

钟山只隔数重山。

Zhōng shān zhǐ gé shù chóng shān.

春风又绿江南岸，

Chūn fēng yòu lǜ jiāng nán àn,

明月何时照我还？

Míng yuè hé shí zhào wǒ huán?

Anchoring at Guazhou

Wang Anshi (1021–1086, Northern Song Dynasty)

There is only the Yangzi River

Between Jingkou and Guazhou.

Bell Mountain is hidden behind several mountains.

The spring breeze has regreened

The south of Yangzi Riverbank.

When will the bright moon follow me back home?

江城子·乙卯正月二十日夜记梦

Jiāng chéng zǐ · Yǐ mǎo zhēng yuè èr shí rì yè jì mèng

苏轼 (Sū Shì, 1037–1101, 北宋 Běi sòng)

十年生死两茫茫，

Shí nián shēng sǐ liǎng máng máng,

不思量，自难忘。

Bù sī liáng, zì nán wàng.

千里孤坟，无处话凄凉。

Qiān lǐ gū fén, wú chù huà qī liáng.

纵使相逢应不识，

Zòng shǐ xiāng féng yīng bù shí,

尘满面，鬓如霜。

Chén mǎn miàn, bìn rú shuāng.

夜来幽梦忽还乡，

Yè lái yōu mèng hū huán xiāng,

小轩窗，正梳妆。

Xiǎo xuān chuāng, zhèng shū zhuāng.

相顾无言，惟有泪千行。

Xiāng gù wú yán, wéi yǒu lèi qiān háng.

料得年年肠断处，

Liào dé nián nián cháng duàn chù,

明月夜，短松冈。

Míng yuè yè, duǎn sōng gāng.

[注：这是一首苏轼为悼念原配妻子王弗而创作的悼亡词]

The Melody of a River Town:
The Dream on the 20th Day of
The First Lunar Month of a Yimao Year

Su Shi (1037–1101, Northern Song Dynasty)

We have been separated by life and death for ten years,

I do not want to think about you, but I cannot forget you.

Your lonely grave is thousands of miles away,

And there is nowhere to tell the sadness in my heart.

Even if we met again, you would not recognize me,

Because my face is dusty and my temple hairs are grey.

Suddenly, I dreamed of returning to hometown at night,

Through the small lattice window,

I saw you dressing in front of a mirror.

We looked at each other silently,

with only lines of tears coming down.

Imagine the place

where I miss you year after year and feel heartbroken,

It is on bright moon nights at your gravesite

with small pine trees.

[Note: This is a eulogy written by Su Shi

in memory of his late wife Wang Fu.]

水调歌头

Shuǐ diào gē tóu

苏轼 (Sū Shì, 1037–1101, 北宋 Běi sòng)

明月几时有？把酒问青天。

Míng yuè jǐ shí yǒu? Bǎ jiǔ wèn qīng tiān.

不知天上宫阙，今夕是何年？

Bù zhī tiān shàng gōng què, jīn xī shì hé nián?

我欲乘风归去，又恐琼楼玉宇，

Wǒ yù chéng fēng guī qù, yòu kǒng qióng lóu yù yǔ,

高处不胜寒！起舞弄清影，何似在人间？

Gāo chù bú shèng hán! Qǐ wǔ nòng qīng yǐng, hé sì zài rén jiān?

转朱阁，低绮户，照无眠。

Zhuǎn zhū gé, dī qǐ hù, zhào wú mián.

不应有恨，何事长向别时圆？

Bù yīng yǒu hèn, hé shì cháng xiàng bié shí yuán?

人有悲欢离合，月有阴晴圆缺，此事古难全。

Rén yǒu bēi huān lí hé, yuè yǒu yīn qíng yuán quē, cǐ shì gǔ nán quán.

但愿人长久，千里共婵娟。

Dàn yuàn rén cháng jiǔ, qiān lǐ gòng chán juān.

Prelude to Water Melody

Su Shi (1037–1101, poem composed in 1076)

When does the bright moon reappear?

I raise a glass of wine and ask the sky.

I do not know what year it is in the heavenly palace.

I wish to ride the wind to return home,

But fear the Moon Palace is too cold!

I dance with my shadows, is it like in the human world?

The moon turns around the vermilion pavilion,

And hangs low on the carved window,

Shining on sleepless me.

There should be no hatred,

But why is the moon always full when people are apart?

People have joys and sorrows,

The moon will be waxing and waning,

Even the ancients could not solve the dilemma.

I wish people could last forever,

Cherish each other from afar.

蝶恋花 • 春景

Dié liàn huā • chūn jǐng

苏轼 (Sū Shì, 1037–1101, 北宋 Běi sòng)

花褪残红青杏小。

Huā tuì cán hóng qīng xìng xiǎo.

燕子飞时，绿水人家绕。

Yàn zǐ fēi shí, lǜ shuǐ rén jiā rào.

枝上柳绵吹又少，天涯何处无芳草！

Zhī shàng liǔ mián chuī yòu shǎo, tiān yá hé chù wú fāng cǎo!

墙里秋千墙外道。

Qiáng lǐ qiū qiān qiáng wài dào.

墙外行人，墙里佳人笑。

Qiáng wài xíng rén, qiáng lǐ jiā rén xiào.

笑渐不闻声渐悄，多情却被无情恼。

Xiào jiàn bù wén shēng jiàn qiāo, duō qíng què bèi wú qíng nǎo.

Butterflies in Love with Flowers:

A Spring Scene

Su Shi (1037–1101, Northern Song Dynasty)

The red flowers have faded,

And small green apricots have grown on treetops.

The swallows are flying in the sky,

The clear river surrounds the households.

There are fewer catkins

on willow branches blown by the wind.

Where are there no virtuous women in the world!

A girl is swinging inside the wall.

Outside the wall, a pedestrian is passing by,

He hears the beautiful girl's laughter inside.

But the laughter has gradually disappeared,

The passionate boy is annoyed by the ruthless girl.

饮湖上初晴后雨

Yǐn hú shàng chū qíng hòu yǔ

苏轼 (Sū Shì, 1037–1101, 北宋 Běi sòng)

水光潋滟晴方好，

Shuǐ guāng liàn yàn qíng fāng hǎo,

山色空蒙雨亦奇。

Shān sè kōng méng yǔ yì qí.

欲把西湖比西子，

Yù bǎ xī hú bǐ xī zi,

浓妆淡抹总相宜。

Nóng zhuāng dàn mǒ zǒng xiāng yí.

Drinking on the West Lake on a Sunny and Rainy Day

Su Shi (1037–1101, Northern Song Dynasty)

The West Lake is sunny,

And the water is shining.

The mountains are ethereal,

And the drizzle makes it misty.

If the beautiful West Lake is likened

to the classic beauty Xi Shi,

Whether the makeup is heavy or light,

It is always appropriate.

题西林壁

Tí xī lín bì

苏轼 (Sū Shì, 1037–1101, 北宋 Běi sòng)

横看成岭侧成峰，

Héng kàn chéng lǐng cè chéng fēng,

远近高低各不同。

Yuǎn jìn gāo dī gè bù tóng.

不识庐山真面目，

Bù shí lú shān zhēn miàn mù,

只缘身在此山中。

Zhǐ yuán shēn zài cǐ shān zhōng.

Writing on the Wall of Xilin Temple

Su Shi (1037–1101, Northern Song Dynasty)

Viewed as a ridge from the front and a peak on the side,

It takes different forms when seen in distant, close,

High, and low places.

I cannot recognize the true face of Mount Lu,

Only because I am in the middle of it.

念奴娇·赤壁怀古

Niàn nú jiāo · chì bì huái gǔ

苏轼 (Sū Shì, 1037–1101, 北宋 Běi sòng)

大江东去，浪淘尽，千古风流人物。

Dà jiāng dōng qù, làng táo jìn, qiān gǔ fēng liú rén wù.

故垒西边，人道是：三国周郎赤壁。

Gù lěi xī bian, rén dào shì: sān guó zhōu láng chì bì.

乱石穿空，惊涛拍岸，卷起千堆雪。

Luàn shí chuān kōng, jīng tāo pāi àn, juǎn qǐ qiān duī xuě.

江山如画，一时多少豪杰。

Jiāng shān rú huà, yì shí duō shǎo háo jié.

遥想公瑾当年，小乔初嫁了，雄姿英发。

Yáo xiǎng gōng jǐn dāng nián, xiǎo qiáo chū jià liǎo, xióng zī yīng fā.

羽扇纶巾，谈笑间、樯橹灰飞烟灭。

Yǔ shàn guān jīn, tán xiào jiān, qiáng lǔ huī fēi yān miè.

故国神游，多情应笑我，早生华发。

Gù guó shén yóu, duō qíng yīng xiào wǒ, zǎo shēng huá fà.

人生如梦，一尊还酹江月。

Rén shēng rú mèng, yì zūn huán lèi jiāng yuè.

The Charm of a Maiden Singer:
Reflections on an Ancient Event at the Red Cliff

Su Shi (1037–1101, Northern Song Dynasty)

The Great River continued to flow east,

Scouring out the people

who had been distinguished through the ages.

In the western part of the ancient battlefield,

It is said: Zhou Yu of the Three Kingdoms,

Broke Cao Army's red cliff.

The chaotic rocks were hollow,

The stormy waves slapped the riverbank,

Rolling up the waves like a thousand piles of snow.

The country was so picturesque,

And there were many heroes and heroines.

Thinking of Zhou Yu whose name was also Gongjin,

Xiao Qiao just married him as his wife,

He was heroic and vigorous, graceful and charming.

Wearing a silk scarf on his head,

And holding a feather fan in his hand,

He was calmly talking and laughing,

And Cao soldiers vanished like ashes.

Wandering in the ancient battlefield,

I have so much nostalgia that can be laughed about,

And my temple hairs have turned grey before I grow old.

Life is like a dream,

I raise a glass of wine to worship the eternal moon.

鹊桥仙·纤云弄巧

Què qiáo xiān·xiān yún nòng qiǎo

秦观 (Qín Guān, 1049–1100, 北宋 Běi sòng)

纤云弄巧，飞星传恨，

Xiān yún nòng qiǎo, fēi xīng chuán hèn,

银汉迢迢暗渡。

Yín hàn tiáo tiáo àn dù.

金风玉露一相逢，

Jīn fēng yù lù yì xiāng féng,

便胜却人间无数。

Biàn shèng què rén jiān wú shù.

柔情似水，佳期如梦，

Róu qíng sì shuǐ, jiā qī rú mèng,

忍顾鹊桥归路。

Rěn gù què qiáo guī lù.

两情若是久长时，

Liǎng qíng ruò shì jiǔ cháng shí,

又岂在朝朝暮暮。

Yòu qǐ zài zhāo zhāo mù mù.

The Fairies on Magpie Bridge:
The Magic of Clouds

Qin Guan (1049–1100, Northern Song Dynasty)

The thin clouds in the sky are constantly changing,

And the meteors convey the lovesickness.

I am quietly crossing the far and endless Milky Way,

On the seventh night of the seventh lunar month.

We are meeting each other annually tonight,

In the autumn wind and with the white dew.

It is better than those couples on earth who stay together,

But they seem to be separated from each other.

Our loving tenderness continues like flowing water,

And the reunion date is so far like a dream.

I cannot bear to look at the Magpie Bridge when parting.

As long as the love between us

Remains unchanged till death,

Why should we crave seeing each other

Every day and night?

如梦令

Rú mèng lìng

李清照 (Lǐ Qīngzhào, 1084–1155, 北宋 Běi sòng)

常记溪亭日暮，

Cháng jì xī tíng rì mù,

沉醉不知归路。

Chén zuì bù zhī guī lù.

兴尽晚回舟，

Xìng jìn wǎn huí zhōu,

误入藕花深处。

Wù rù ǒu huā shēn chù.

争渡，争渡，

Zhēng dù, zhēng dù,

惊起一滩鸥鹭。

Jīng qǐ yì tān ōu lù.

昨夜雨疏风骤，

Zuó yè yǔ shū fēng zhòu,

浓睡不消残酒。

Nóng shuì bù xiāo cán jiǔ.

试问卷帘人，

Shì wèn juǎn lián rén,

却道海棠依旧。

Què dào hǎi táng yī jiù.

知否，知否？

Zhī fǒu, zhī fǒu?

应是绿肥红瘦！

Yīng shì lǜ féi hóng shòu!

Like a Dream

Li Qingzhao (1084–1155, Northern Song Dynasty)

I often recalled playing in the pavilion

by the creek till sunset.

We got drunk and forgot the way back.

We played until the end of the game

before returning by boat.

But we lost our way into the depths of the lotus pond.

How could we row the boat out?

How could we cross the river?

The sound of the oars

Awakened the gulls and herons in the water.

Last night, the wind was strong,

And the rain was sparse.

I was unable to fall asleep,

But I had to drink wine to relieve my sorrows.

Waking up in the morning,

And remembering the wind and rain last night,

I asked the maid who raised the curtain,

"How are the begonia flowers?"

The maid did not bother to look out the window,

And she casually replied:

"The begonia flowers are still in full bloom."

After hearing this, I said: "Really?

Should the green leaves not flourish,

And the red flowers wither?"

武陵春·春晚

Wǔ líng chūn·chūn wǎn

李清照 (Lǐ Qīngzhào, 1084–1155, 北宋 Běi sòng)

风住尘香花已尽，日晚倦梳头。

Fēng zhù chén xiāng huā yǐ jìn, rì wǎn juàn shū tóu.

物是人非事事休，欲语泪先流。

Wù shì rén fēi shì shì xiū, yù yǔ lèi xiān liú.

闻说双溪春尚好，也拟泛轻舟。

Wén shuō shuāng xī chūn shàng hǎo, yě nǐ fàn qīng zhōu.

只恐双溪舴艋舟，载不动许多愁。

Zhǐ kǒng shuāng xī zé měng zhōu, zài bú dòng xǔ duō chóu.

Peach Blossoms in Spring:

Dusk in the Spring

Li Qingzhao (1084–1155, Northern Song Dynasty)

The wind had stopped,

And the dust on flowers exuded light fragrance.

The sun was setting,

And I was too lazy to comb my hair.

The surrounding scenery was the same,

But the people were different.

I wanted to speak,

But my tears were falling before my words.

I heard the spring scenery in the Double Creek,

It was pretty good.

And I wanted to go rowing there.

I was only worried,

That the small boat in the Double Creek,

It could not carry the many sorrows in my heart.

声声慢·寻寻觅觅

Shēng shēng màn·xún xún mì mì

李清照 (Lǐ Qīngzhào, 1084–1155, 北宋 Běi sòng)

寻寻觅觅，冷冷清清，凄凄惨惨戚戚。

Xún xún mì mì, lěng lěng qīng qīng, qī qī cǎn cǎn qī qī.

乍暖还寒时候，最难将息。

Zhà nuǎn huán hán shí hòu, zuì nán jiāng xí.

三杯两盏淡酒，怎敌他、晚来风急？

Sān bēi liǎng zhǎn dàn jiǔ, zěn dí tā, wǎn lái fēng jí?

雁过也，正伤心，却是旧时相识。

Yàn guò yě, zhèng shāng xīn, què shì jiù shí xiāng shí.

满地黄花堆积，憔悴损，如今有谁堪摘？

Mǎn dì huáng huā duī jī, qiáo cuì sǔn, rú jīn yǒu shuí kān zhāi?

守着窗儿，独自怎生得黑？

Shǒu zhe chuāng er, dú zì zěn shēng dé hēi?

梧桐更兼细雨，到黄昏、点点滴滴。

Wú tóng gèng jiān xì yǔ, dào huáng hūn, diǎn diǎn dī dī.

这次第，怎一个愁字了得！

Zhè cì dì, zěn yī gè chóu zì liǎo dé!

The Slow Song:
Looking and Searching

Li Qingzhao (1084–1155, Northern Song Dynasty)

I searched hard, but only found a desolate place,

That made me depressed.

The warm and cold seasons

Made it the most difficult to recover and rest.

Drinking two or three glasses of wine,

How could I resist the night wind?

I was feeling sad, the wild goose passed by,

And it was my old acquaintance.

The chrysanthemums had fallen,

And were piled all over the floor.

I was so old and looked haggard,

Who would pick them up?

Sitting by the window,

How could I stay till dark?

More drizzles fell,

on the wutong tree leaves.

And they were still falling,

Little by little in the evening.

How could the situation,

Be simply expressed in the word "sorrow"?

一剪梅

Yì jiǎn méi

李清照 (Lǐ Qīngzhào, 1084–1155, 北宋 Běi sòng)

红藕香残玉簟秋，

Hóng ǒu xiāng cán yù diàn qiū,

轻解罗裳，独上兰舟。

Qīng jiě luō shang, dú shàng lán zhōu.

云中谁寄锦书来？

Yún zhōng shuí jì jǐn shū lái?

雁字回时，月满西楼。

Yàn zì huí shí, yuè mǎn xī lóu.

花自飘零水自流，

Huā zì piāo líng shuǐ zì liú,

一种相思，两处闲愁。

Yì zhǒng xiāng sī, liǎng chù xián chóu.

此情无计可消除，

Cǐ qíng wú jì kě xiāo chú,

才下眉头，却上心头。

Cái xià méi tóu, què shàng xīn tóu.

A Plum Blossom

Li Qingzhao (1084–1155, Northern Song Dynasty)

The lotus had withered,

And the fragrance had disappeared.

The cold and slippery bamboo mat,

It had revealed a deep autumn.

Gently lifting my silk skirt,

I boarded alone on a small boat of magnolia.

Looking at the sky where the white clouds relax,

I wondered who would send me letters,

Expressing their missing feelings?

When the row of ren-shaped geese

Was returning to the south,

The moonlight was bright,

And shining on the pavilion to the west.

The flowers were drifting easily,

And the water was flowing freely.

One lovesickness caused sorrows in two places.

Well, it was impossible to cure lovesickness,

My sorrow had just disappeared

from the frowning eyebrows.

But it had again wrapped around my heart.

夏日绝句

Xià rì jué jù

李清照 (Lǐ Qīngzhào, 1084–1155, 北宋 Běi sòng)

生当作人杰，

Shēng dāng zuò rén jié,

死亦为鬼雄。

Sǐ yì wéi guǐ xióng.

至今思项羽，

Zhì jīn sī xiàng yǔ,

不肯过江东。

Bù kěn guò jiāng dōng.

A Summer Quatrain

Li Qingzhao (1084–1155, Northern Song Dynasty)

One should be a hero while alive,

And a hero among ghosts after death.

People still miss Xiang Yu nowadays,

Because he refused to cross over to the river's eastside.

满江红

Mǎn jiāng hóng

岳飞 (Yuè Fēi, 1103–1142, 南宋 Nán sòng)

怒发冲冠，凭阑处、潇潇雨歇。

Nù fà chōng guān, píng lán chù, xiāo xiāo yǔ xiē.

抬望眼，仰天长啸，壮怀激烈。

Tái wàng yǎn, yǎng tiān cháng xiào, zhuàng huái jī liè.

三十功名尘与土，八千里路云和月。

Sān shí gōng míng chén yǔ tǔ, bā qiān lǐ lù yún hé yuè.

莫等闲、白了少年头，空悲切。

Mò děng xián, bái le shào nián tóu, kōng bēi qiè.

靖康耻，犹未雪。臣子恨，何时灭。

Jìng kāng chǐ, yóu wèi xuě. Chén zǐ hèn, hé shí miè.

驾长车，踏破贺兰山缺。

Jià cháng chē, tà pò hè lán shān quē.

壮志饥餐胡虏肉，笑谈渴饮匈奴血。

Zhuàng zhì jī cān hú lǔ ròu, xiào tán kě yǐn xiōng nú xuè.

待从头、收拾旧山河，朝天阙。

Dài cóng tóu, shōu shí jiù shān hé, cháo tiān què.

A River of Blossoms

Yue Fei (1103–1142, Southern Song Dynasty)

Being so angry with the wartime enemy,

My hair stood upright and lifted the hat,

I leaned against the railing, and the drizzle stopped.

I raised my head and looked at the sky,

with a long, strong, and fierce sigh.

Thirty years of fame and honor had become dust,

There were only clouds and moon

on the battlefield of eight thousand miles.

Do not waste your time till your hair turns white,

Then regret and feel sorry for yourself.

The shame of the Jing Kang Year,

Had not been washed away.

When would the courtiers' hatred stop?

I wanted to drive a chariot

Through the enemy's fortress in Helan Mountain.

Where the heroes ate the enemies' flesh when hungry,

And they jokingly talked about,

Drinking the enemies' blood when thirsty.

I hoped to completely reclaim

Our former mountains and rivers.

Then report the victory to the emperor

when returning to the Imperial Palace.

题临安邸

Tí lín ān dǐ

林升 (Lín Shēng, c.1106–1170, 南宋 Nán sòng)

山外青山楼外楼，

Shān wài qīng shān lóu wài lóu,

西湖歌舞几时休？

Xī hú gē wǔ jǐ shí xiū?

暖风熏得游人醉，

Nuǎn fēng xūn de yóu rén zuì,

直把杭州作汴州。

Zhí bǎ háng zhōu zuò biàn zhōu.

Writing on the Lin'an Inn

Lin Sheng (c.1106–1170, Southern Song Dynasty)

The green hills and the pavilions,

Seemed continuous without an end.

When would the singing and dancing,

on the West Lake stop?

The warm spring breeze,

Made the noble travelers drunk.

And they simply mistook Hangzhou as Bianzhou.

游山西村

Yóu shān xī cūn

陆游 (Lù Yóu, 1125–1210, 南宋 Nán sòng)

莫笑农家腊酒浑，

Mò xiào nóng jiā là jiǔ hún,

丰年留客足鸡豚。

Fēng nián liú kè zú jī tún.

山重水复疑无路，

Shān chóng shuǐ fù yí wú lù,

柳暗花明又一村。

Liǔ àn huā míng yòu yì cūn.

箫鼓追随春社近，

Xiāo gǔ zhuī suí chūn shè jìn,

衣冠简朴古风存。

Yī guān jiǎn pú gǔ fēng cún.

从今若许闲乘月，

Cóng jīn ruò xǔ xián chéng yuè,

拄杖无时夜叩门。

Zhǔ zhàng wú shí yè kòu mén.

Touring Mount West Village

Lu You (1125–1210, Southern Song Dynasty)

Never laugh at the turbid wine,

Brewed at the farm in the 12th lunar month.

In a harvest year,

Food and dishes for guests were very rich.

The mountains were overlapping,

And the rivers were winding.

I was just worried that there was no way to go,

Suddenly, I saw green willows and red flowers,

A village appeared in front of my eyes.

The day of playing flute and drum

Around spring equinox was approaching.

The villagers' simple clothes,

Had preserved their tradition as in ancient times.

In future, if I could still take a leisurely trip

Under the moonlight,

I would be on crutches,

And go to knock on their door at night.

钗头凤

Chāi tóu fèng

陆游 (Lù Yóu, 1125–1210, 南宋 Nán sòng)

红酥手，黄藤酒，满城春色宫墙柳。

Hóng sū shǒu, huáng téng jiǔ, mǎn chéng chūn sè gōng qiáng liǔ.

东风恶，欢情薄，一怀愁绪，几年离索。

Dōng fēng è, huān qíng bó, yì huái chóu xù, jǐ nián lí suǒ.

错，错，错。

Cuò, cuò, cuò.

春如旧，人空瘦，泪痕红浥鲛绡透。

Chūn rú jiù, rén kōng shòu, lèi hén hóng yì jiāo xiāo tòu.

桃花落，闲池阁，山盟虽在，锦书难托。

Táo huā luò, xián chí gé, shān méng suī zài, jǐn shū nán tuō.

莫，莫，莫。

Mò, mò, mò.

Phoenix Hairpin

Lu You (1125–1210, Southern Song Dynasty)

My ruddy hand, holding a glass of wine,

The city was full of spring.

The palace wall, covered with willows green.

The east wind was destructive, and the love was blown.

My chest was full of sad emotions for years of parting.

Wrong, wrong, wrong.

The spring was the same, but the people were thin.

Tears washed away the carmine,

And the handkerchief was wet.

The peach blossoms had fallen

on the empty ponds and pavilions.

The vow of everlasting love was there,

But the letter could not be presented.

No, no, no.

钗头凤

Chāi tóu fèng

唐婉 (Táng Wǎn, 1128–1156, 南宋 Nán sòng)

世情薄，人情恶，雨送黄昏花易落。

Shì qíng bó, rén qíng è, yǔ sòng huáng hūn huā yì luò.

晓风干，泪痕残，欲笺心事，独语斜栏。

Xiǎo fēng gān, lèi hén cán, yù jiān xīn shì, dú yǔ xié lán.

难，难，难。

Nán, nán, nán.

人成各，今非昨，病魂常似秋千索。

Rén chéng gè, jīn fēi zuó, bìng hún cháng sì qiū qiān suǒ.

角声寒，夜阑珊，怕人寻问，咽泪装欢。

Jiǎo shēng hán, yè lán shān, pà rén xún wèn, yàn lèi zhuāng huān.

瞒，瞒，瞒。

Mán, mán, mán.

[注：唐婉是陆游的第一任妻子，他们是一对恩爱夫妻，后因陆母偏见而被迫分离。七年后，他们偶遇于沈园，陆游见人感事，写下了著名的《钗头凤》，信笔题于园壁之上。唐婉回了一首她自己的版本，之后不久，便抑郁而终。陆游写了许多纪念她的千古绝唱]

Phoenix Hairpin

Tang Wan (1128–1156, Southern Song Dynasty)

The world was thin, and the people were vain.

The rain sent off dusk, and the flowers had easily fallen.

The dawn breeze blew, and the teardrops dried.

I wanted to tell, but could only talk to myself,

While leaning against the slanting rail.

Hard, hard, hard.

We now had been separated, not like what it used to be.

My suffering soul often resembled a turbulent swing.

The horn sounded cold, and the night was about to end.

Afraid of being asked, I held back my tears,

Pretending to be cheery.

Hide, hide, hide.

[Note: Tang Wan was Lu You's first wife. They were a loving couple who were forced to divorce due to Lu You's mother's prejudice. Seven years later in the spring, they ran into each other in Shen Garden. Seeing the person and recalling their past love, Lu You wrote the famous poem "Phoenix Hairpin" on the garden wall. Tang Wan responded with her version of the poem. Shortly afterwards, she died of depression. Lu You wrote many poems to commemorate her.]

沈园二首

Shěn yuán èr shǒu

陆游 (Lù Yóu, 1125–1210, 南宋 Nán sòng)

(一)

城上斜阳画角哀，

Chéng shàng xié yáng huà jiǎo āi,

沈园非复旧池台。

Shěn yuán fēi fù jiù chí tái.

伤心桥下春波绿，

Shāng xīn qiáo xià chūn bō lǜ,

曾是惊鸿照影来。

Céng shì jīng hóng zhào yǐng lái.

(二)

梦断香销四十年，

Mèng duàn xiāng xiāo sì shí nián,

沈园柳老不飞绵。

Shěn yuán liǔ lǎo bù fēi mián.

此身行作稽山土，

Cǐ shēn xíng zuò jī shān tǔ,

犹吊遗踪一泫然。

Yóu diào yí zōng yí xuàn rán.

[注：这是陆游在七十五岁重游沈园时为怀念其原配夫人唐婉而创作的两首悼亡诗]

Two Poems at Shen Garden

Lu You (1125–1210, Southern Song Dynasty)

(1)

The painted horns on the city wall,

Seemed to be mourning.

Shen Garden no longer had

The same old pools and pavilions.

I was feeling sad about the spring water,

Under the bridge it is still green.

The reflections looked like her fine figure,

Floating over here.

(2)

Over forty years had passed since her passing,

The willow trees in Shen Garden,

They were too old to disperse seeds.

I was about to turn into a handful of dust

of the Kuaiji Mountains.

But I still came here to mourn her trace,

And fell into tears.

[Note: These are two eulogies written by Lu You in memory of his first wife Tang Wan when he revisited Shen Garden at the age of 75.]

春游

Chūn yóu

陆游 (Lù Yóu, 1125–1210, 南宋 Nán sòng)

沈家园里花如锦，

Shěn jiā yuán lǐ huā rú jǐn,

半是当年识放翁。

Bàn shì dāng nián shí fàng wēng.

也是美人终作土，

Yě shì měi rén zhōng zuò tǔ,

不堪幽梦太匆匆！

Bù kān yōu mèng tài cōng cōng!

[注：陆游八十四岁，离辞世一年，最后一次游沈园写此最后一首与唐婉有关的诗.]

Spring Outing

Lu You (1125–1210, Southern Song Dynasty)

The flowers in Shen Garden were blooming,

Half of these flowers seemed to know me.

Just that the beauty had turned into dust,

It was only that the dream went too fast!

[Note: At 84, one year before his death, Lu You revisited Shen Garden and wrote this last poem related to Tang Wan.]

示儿

Shì er

陆游 (Lù Yóu, 1125–1210, 南宋 Nán sòng)

死去元知万事空，

Sǐ qù yuán zhī wàn shì kōng,

但悲不见九州同。

Dàn bēi bú jiàn jiǔ zhōu tóng.

王师北定中原日，

Wáng shī běi dìng zhōng yuán rì,

家祭无忘告乃翁。

Jiā jì wú wàng gào nǎi wēng.

To My Sons

Lu You (1125–1210, Southern Song Dynasty)

I knew I would have nothing to do with the world

after my death.

I only felt sad that I did not see the unification

of my motherland.

When the Imperial Army regained the lost land

on the Central Plains,

Never forget to tell your dad when you pay homage

to my gravesite.

春日

Chūn rì

朱熹 (Zhū Xī, 1130–1200, 南宋 Nán sòng)

胜日寻芳泗水滨，

Shèng rì xún fāng sì shuǐ bīn,

无边光景一时新。

Wú biān guāng jǐng yì shí xīn.

等闲识得东风面，

Děng xián shí dé dōng fēng miàn,

万紫千红总是春。

Wàn zǐ qiān hóng zǒng shì chūn.

Spring Day

Zhu Xi (1130–1200, Southern Song Dynasty)

Visiting Si Riverbank on a sunny day,

The boundless scenery was refreshing.

Everyone could see the face of spring,

With the scene of flowers blossoming.

青玉案·元夕

Qīng yù àn · yuán xī

辛弃疾 (Xīn Qìjí, 1140–1207, 南宋 Nán sòng)

东风夜放花千树。

Dōng fēng yè fàng huā qiān shù.

更吹落、星如雨。

Gèng chuī luò, xīng rú yǔ.

宝马雕车香满路。

Bǎo mǎ diāo chē xiāng mǎn lù.

凤箫声动，玉壶光转，一夜鱼龙舞。

Fèng xiāo shēng dòng, yù hú guāng zhuǎn, yí yè yú lóng wǔ.

蛾儿雪柳黄金缕。

É er xuě liǔ huáng jīn lǚ.

笑语盈盈暗香去。

Xiào yǔ yíng yíng àn xiāng qù.

众里寻他千百度。

Zhòng lǐ xún tā qiān bǎi dù.

蓦然回首，那人却在，灯火阑珊处。

Mò rán huí shǒu, nà rén què zài, dēng huǒ lán shān chù.

The Melody of Green Jadeite Bowl:
Lantern Festival

Xin Qiji (1140–1207, Southern Song Dynasty)

Like a spring breeze

Blowing a thousand trees and flowers,

The fireworks fell

Like a shower of stars from the sky.

The richly decorated carriages

with wealthy people spread fragrance,

Along the roads leading to the

Lantern Festival celebration place.

The sound of melodious flute reverberated everywhere,

The bright moon gradually slanted to the west,

And the fish and dragon lanterns danced the whole night.

The women dressed in gold threads,

And with ribbon and silk ornaments all over their heads.

They smiled when passing by,

with fragrance spread out in the space.

I searched for her a thousand times in the crowd,

Suddenly, I turned my head

And found her in a sparsely lit place.

丑奴儿·书博山道中壁

Chǒu nú er · shū bó shān dào zhōng bì

辛弃疾 (Xīn Qìjí, 1140–1207, 南宋 Nán sòng)

少年不识愁滋味，

Shào nián bù shí chóu zī wèi,

爱上层楼，爱上层楼，

Ài shàng céng lóu, ài shàng céng lóu,

为赋新词强说愁。

Wèi fù xīn cí qiáng shuō chóu.

而今识尽愁滋味，

Ér jīn shí jìn chóu zī wèi,

欲说还休，欲说还休，

Yù shuō huán xiū, yù shuō huán xiū,

却道天凉好个秋。

Què dào tiān liáng hǎo gè qiū.

The Ugly Slave Boy:
Writing on the Middle Wall of Bo Mountain Trail

Xin Qiji (1140–1207, Southern Song Dynasty)

When I was a teenager,

I did not know what sorrow was.

I loved exaggeration, loved exaggeration.

For the sake of writing new poems,

I talked about sorrow.

Now that I had tasted all the sorrows.

I hesitated to talk about it, hesitated to talk about it.

I would say: "The weather is cool,

And it is a good autumn!"

游园不值

Yóu yuán bù zhí

叶绍翁 (Yè Shàowēng, 1194–1269, 南宋 Nán sòng)

应怜屐齿印苍苔，

Yīng lián jī chǐ yìn cāng tái,

小扣柴扉久不开。

Xiǎo kòu chái fēi jiǔ bù kāi.

春色满园关不住，

Chūn sè mǎn yuán guān bú zhù,

一枝红杏出墙来。

Yì zhī hóng xìng chū qiáng lái.

At the Garden Gate

Ye Shaoweng (1194–c.1269, Southern Song Dynasty)

Maybe the garden owner feared my clogs

Would tread on his cherished moss.

I knocked gently,

But no one came to open the firewood door.

After all, the spring scenery in the garden

Could not be entirely closed off.

As I saw a branch of pink apricot blossom

Sticking out of the wall.

天净沙·秋思

Tiān jìng shā • qiū sī

马致远 (Mǎ Zhìyuǎn, 1250–1321, 元朝 Yuán cháo)

枯藤老树昏鸦，

Kū téng lǎo shù hūn yā,

小桥流水人家，

Xiǎo qiáo liú shuǐ rén jiā,

古道西风瘦马。

Gǔ dào xī fēng shòu mǎ.

夕阳西下，断肠人在天涯。

Xī yáng xī xià, duàn cháng rén zài tiān yá.

The Sky Clear of Sand:
Autumn Reflections

Ma Zhiyuan (1250–1321, Yuan Dynasty)

Withered vines, old trees, and faint crows.

Little bridges, rivers, and houses.

Ancient roads, west wind, and a thin horse.

At sunset, a man with a broken heart,

Was feeling at the end of the world.

石灰吟

Shí huī yín

于谦 (Yú Qiān, 1398–1457, 明朝 Míng cháo)

千锤万凿出深山，

Qiān chuí wàn záo chū shēn shān,

烈火焚烧若等闲。

Liè huǒ fén shāo ruò děng xián.

粉骨碎身浑不怕，

Fěn gǔ suì shēn hún bú pà,

要留清白在人间。

Yào liú qīng bái zài rén jiān.

The Chant of Lime

Yu Qian (1398–1457, Ming Dynasty)

After thousands of hammers,

Limestone is mined from deep mountains.

It treats the burning of a raging fire as common.

Limestone is not afraid of being crushed,

It is willing to leave cleanliness to the world.

临江仙

Lín jiāng xiān

杨慎 (Yáng Shèn, 1488–1559, 明朝 Míng cháo)

滚滚长江东逝水，

Gǔn gǔn cháng jiāng dōng shì shuǐ,

浪花淘尽英雄。

Làng huā táo jìn yīng xióng.

是非成败转头空。

Shì fēi chéng bài zhuǎn tóu kōng.

青山依旧在，几度夕阳红。

Qīng shān yī jiù zài, jǐ dù xī yáng hóng.

白发渔樵江渚上，

Bái fà yú qiáo jiāng zhǔ shàng,

惯看秋月春风。

Guàn kàn qiū yuè chūn fēng.

一壶浊酒喜相逢。

Yì hú zhuó jiǔ xǐ xiāng féng.

古今多少事，都付笑谈中。

Gǔ jīn duō shǎo shì, dōu fù xiào tán zhōng.

The Riverside Daffodils

Yang Shen (1488–1559, Ming Dynasty)

The Yangzi River is rolling to the east,

And never looking back.

How many heroes have disappeared like waves?

Right and wrong, success and failure,

Are all short-lived.

Only the green hills still exist,

And the sun rises and sets as always.

The white-haired fishermen on the river,

Are used to watching the autumn moon,

And feeling the spring breeze.

I have had a rare meeting with my friends,

And we happily drank a glass of wine.

Many things throughout the ages,

Have become materials for jokes.

已亥杂诗

Jǐ hài zá shī

龚自珍 (Gōng Zìzhēn, 1792–1841, 清朝 Qīng cháo)

九州生气恃风雷，

Jiǔ zhōu shēng qì shì fēng léi,

万马齐喑究可哀。

Wàn mǎ qí yīn jiū kě āi.

我劝天公重抖擞，

Wǒ quàn tiān gōng chóng dǒu sǒu,

不拘一格降人才。

Bù jū yì gé jiàng rén cái.

Miscellaneous Poem of a Jihai Year

Gong Zizhen (1792–1841, Qing Dynasty)

Only the great power like thunder,

Could make the country flourish.

As the lifelessness of the social,

And political situation was sad.

I would advise the heavenly god to refresh itself,

To produce more talents without sticking to the rules.

乡愁

Xiāng chóu

余光中 (Yú Guāngzhōng, 1928–2017, 当代 Dāng dài)

小时候

Xiǎo shí hòu

乡愁是一枚小小的邮票

Xiāng chóu shì yì méi xiǎo xiǎo de yóu piào

我在这头

Wǒ zài zhè tóu

母亲在那头

Mǔ qīn zài nà tóu

长大后

Zhǎng dà hòu

乡愁是一张窄窄的船票

Xiāng chóu shì yì zhāng zhǎi zhǎi de chuán piào

我在这头

Wǒ zài zhè tóu

新娘在那头

Xīn niáng zài nà tóu

后来啊

Hòu lái a

乡愁是一方矮矮的坟墓

Xiāng chóu shì yì fāng ǎi ǎi de fén mù

我在外头

Wǒ zài wài tou

母亲在里头

Mǔ qīn zài lǐ tou

而现在

Ér xiàn zài

乡愁是一湾浅浅的海峡

Xiāng chóu shì yì wān qiǎn qiǎn de hǎi xiá

我在这头

Wǒ zài zhè tóu

大陆在那头

Dà lù zài nà tóu

Homesickness

Yu Kwang-chung (1928–2017, poem composed in 1972)

When I was little
Homesickness was a small postage stamp
I was on this side
Mother was on the other side

After I grew up
Homesickness was a narrow ferry ticket
I was on this end
Bride was on the other end

Afterwards
Homesickness is a low tomb
I am outside
Mother is inside

And now
Homesickness is a shallow straight
I am on this side
Mainland is on the other side